미래 세대를 위한 민주주의 문해력

미래 세대를 위한 민주주의 문해력

제1판 제1쇄 발행일 2026년 4월 19일

글 _ 손석춘
기획 _ 책도둑(박정훈, 박정식, 김민호)
디자인 _ 정하연
펴낸이 _ 김은지
펴낸곳 _ 철수와영희
등록번호 _ 제319-2005-42호
주소 _ 서울시 마포구 월드컵로 65, 302호(망원동, 양경회관)
전화 _ 02) 332-0815
팩스 _ 02) 6003-1958
전자우편 _ chulsu815@hanmail.net

ISBN 979-11-7153-045-8 43300

철수와영희 출판사는 '어린이' 철수와 영희, '어른' 철수와 영희에게
도움 되는 책을 펴내기 위해 노력합니다.

미래 세대를 위한

민주주의 문해력

민주주의는 '자기 성숙'의 조건이다

글 · 손석춘

철수와영희

민주주의는
행복한 삶을 만듭니다

"민주주의를 모르는 사람도 있나요?"

자신 있게 되물을 수 있을 겁니다. 어렸을 때부터 '민주주의'라는 말을 자주 들었으니까요. 하지만 이 책은 그 물음에 "그래요!"라고 끄덕입니다. 더 나아가 "많아요!"라고 답합니다.

대다수 사람이 민주주의를 잘 알고 있다고 막연히 생각합니다. 흔하게 듣는 말이기도 해서 더 살펴볼 흥미를 못 느끼기도 하죠. 그래서 민주주의를 몇 해에 한 번씩 대통령이나 국회의원, 지방자치단체장 뽑는 선거쯤으로 알고 있는 사람이 뜻밖에도 많아요. 이미 숱하게 투표했을 사람들 사이에선 더 그렇지요. 민주주의를 공직 맡을 정치인 뽑는 제도 정도로 여기거든요.

과연 그래도 좋을까요. 이 책은 우리 미래 세대만은 민주주의를 선거로 이해하는 수준을 넘어서길 바라는 간절함에서 비롯됐습니다. 다름 아닌 미래 세대의 행복한 삶과 꿈을 위해서입니다.

　　주변을 잘 둘러보시기 바랍니다. 민주주의를 정치인 뽑는 선거 제도로 여기는 사람들 다수가 자신들이 투표할 정치인을 불신합니다. 때때로 "정치꾼"이라거나 더 심한 욕설도 서슴지 않지요. 그래서 민주주의에 대해서도 하찮게 생각합니다.

　　결코 가볍게 볼 문제가 아닙니다. 민주주의를 이해하는 능력, 그러니까 문해력 약한 국민이 많을수록 그 나라에 행복한 사람이 많지 않거든요. 국가별로 국민이 얼마나 행복한가를 짚은 국제기구의 여러 조사에서 확인할 수 있습니다. 그럼에도 민주주의와 개인의 행복이 얼마나 밀접한 관계에 있는지 잘 모르는 사람이 많은 현실은 안타까울 수밖에요. 대한민국의 '행복 지수'가 다른 나라들보다 턱없이 낮기에 더 그렇습니다.

　　저는 미래 세대가 행복하게 살기를 소망합니다. 그래서 민주주의를 선거쯤으로 아는 기성세대를 넘어섰으면 합니다. 물론 선거는 중요합니다. '민주주의의 꽃'이니까요. 다만 민주주의는 선거 이상입니다. 그 꽃을 활짝 피우기 위해서라도 뿌리와 줄기가 튼튼해야 합니다. 민주주의가 개개인의 인생에 얼마나 큰 영향을 끼치는지 알게 되면, 다시 말해서 민주주의 문해력이 높아지면 우리 삶이 훨씬 더 행복할 수 있습니다.

민주주의는 미래 세대 개개인의 성숙과 행복한 삶에 튼튼한 기반이 됩니다. 우리 모두 아름다운 집에서 행복하게 살 수 있도록 민주주의를 찬찬히 함께 살펴봅시다. 친구들과 함께 읽으며 서로 생각을 나누면 더 좋겠지요. 그만큼 우리 미래가 환하게 밝아질 테니까요.

손석춘 드림

차례

머리말 : 민주주의는 행복한 삶을 만듭니다 / 4

1   **피라미드와 만리장성의 울음**

590억kg과 2만km 돌들의 아우성 / 12

신혼의 신랑과 신부를 죽음으로 내몬 성벽 쌓기 / 17

파라오와 진시황만 존엄한 사람일까 / 21

디딤돌 1 : '인간은 정치적 동물' 그 오해와 이해 / 24

디딤돌 2 : 아테네 민주주의 성취와 소크라테스 / 26

2   **법치와 선거의 즐거움**

'왕 마음대로'에서 '법대로' / 30

시민혁명, 민주주의를 싹 틔우다 / 35

왕국과 민국 사이에 흐른 강 / 41

디딤돌 : 보통선거권에 숨은 세계사적 진실 / 47

3   **국가 권력의 삼권분립과 법의 참뜻**

권력을 입법·행정·사법으로 나눈 까닭 / 50

18세 미만의 권리와 법의 참뜻 / 57

대통령제와 의원내각제, 무엇이 좋을까 / 62

디딤돌 : 절대적 권력의 절대적 필연은? /68

4 **경제와 정당은 무슨 관계일까**

자본주의와 민주주의는 근대의 두 얼굴 / 72

자본주의 발달과 보수 정당들 / 78

진보정당 두 갈래 : 사회민주당과 공산당 / 82

디딤돌 : 경제에도 민주주의가 가능할까? / 87

5 **극우는 왜 혐오와 차별에 앞장설까**

극우 세력의 뿌리는 제국주의 / 90

유럽 극우와 다른 한국의 이상한 극우 / 95

사회 불평등과 빗나간 혐오 / 100

디딤돌 : 가짜 뉴스와 국민 저항권의 사기꾼들 / 105

6 **헌법과 인권에 좌·우가 있을까**

헌법 제1조의 참뜻 정말 알고 있나 / 108

'행복할 권리' 얼마나 누리고 있을까 / 115

인권의 기본, 자유권과 사회권 / 119

디딤돌 1 : 애국심의 위험성과 헌법 애국주의 / 125

디딤돌 2 : 청소년 큰 참사 부른 "가만히 있으라" / 127

7 **주권을 지키는 언론과 여론**

민주주의와 주권을 지키는 제4부 / 132

언론 자유와 여론 형성 / 137

유튜브와 미디어 혁명의 미래 / 142

디딤돌 : 누가 언론 자유를 위협하나 / 146

8 **K-민주주의의 눈부신 전개**

1919년 3·1혁명의 민주공화국 선포 / 150

1960년 4월 혁명에서 1979년 부마항쟁까지 / 155

1980년 5월 항쟁에서 1987년 6월 항쟁으로 / 161

디딤돌 : 두 차례 촛불혁명과 K-민주주의 뿌리 / 167

9 **민주주의가 왜 '자기 성숙'의 조건일까**

대한민국은 정말 민주주의 선진국일까 / 170

민주주의 위기와 인류 멸종 위기 / 176

개개인의 자아실현과 민주주의 성숙 / 182

디딤돌 : 민주주의 미래에 먹구름 '팝콘 브레인' / 187

1 피라미드와 만리장성의 울음

Democracy

590억kg과 2만km 돌들의 아우성

피라미드는 이집트를 상징하는 건축물입니다. 4500년 전에 세워졌지만 현대에 들어와서도 이집트의 '얼굴'입니다. 세계적으로 손꼽히는 고대 유적인지라 피라미드를 보려고 여러 나라에서 관광객들이 끊임없이 이집트의 기자Giza 지역을 찾아가지요. 현재의 수도 카이로에서 13킬로미터 떨어져 있지만 피라미드를 세울 때는 기자가 중심지였어요.

사막을 배경으로 높다랗게 서 있는 피라미드 앞에 서면 장엄함을 느낍니다. 어떻게 4500년 전에 현대인들도 '불가사의'라 할 만큼 저토록 웅장한 건축물을 지을 수 있었을까 싶어 새삼 감탄하게 됩니다.

1
피라미드와 만리장성의 울음

2500킬로그램에 이르는 돌덩이를 230만 개나 차곡차곡 쌓아 올린 피라미드의 둘레를 걷다 보면 자연스레 물음 하나가 떠오릅니다. '누가 왜 어떻게 지었을까.' 230만 개의 큰 바위 하나하나를 정교하게 직사각형으로 잘라 냈기에 더 그렇지요.

　　이집트 기자에 들어서자마자 멀리부터 피라미드 세 개가 위엄 있게 다가오는데요. B.C. 2560년 무렵에 고대 이집트 왕국을 통치하던 쿠푸 왕^{재위 B.C. 2589~2566}, 카프레 왕^{재위 B.C. 2558~2532}, 멘카우라 왕^{재위 B.C. 2532~2504}의 무덤이지요. 쿠푸 왕의 피라미드가 가장 커서 '대피라미드'라고 하는데요. 완공까지 20년 걸렸다고 해요. 높이 147미터, 밑변의 길이 230미터, 전체 무게 5900만 톤에 이릅니다. 말이 그렇지 59,000,000,000킬로그램입니다. 어른 10억 명 남짓의 몸무게와 비슷하지요. 그 돌들을 사람들이 옮겨 쌓아 올리는 모습을 상상해 보세요. 건축 당시 피라미드 꼭지를 금으로 만들었으나 일찌감치 도난당했습니다.

　　고대 이집트의 왕은 파라오^{pharaoh}로 불렸어요. '커다란 집'을 뜻하는 이집트어 '페르아아^{per-aa}'에서 비롯된 말이지요. 파라오는 이집트 신화에 나오는 태양신이며 창조신의 아들로 선포되었는데요. 이집트 사람들은 그가 신의 세계와 인간의 세계를 연결한다고 믿었습니다. 그래서 파라오는 몸이 죽어도 영혼은 신의 세계에 머물기 때문에 무덤을 거대한 궁전처럼 만들고 그 안

에 시체를 미라로 보존했습니다. 신의 세계와 인간 세상을 오가는 파라오가 사용할 온갖 물건도 갖춰 놓았지요.

현재 이집트 피라미드는 100여 개 남아 있습니다. '피라미드 pyramid'는 이집트어로 '높이'를 의미하는 '페레무스 peremus', 또는 그리스어로 삼각형 모양의 과자를 뜻하는 '피라미스 pyramis' 에서 왔다는 두 가지 주장이 있어요. 죽은 왕이 하늘로 올라가도록 피라미드를 계단처럼 쌓았다고 하죠. B.C. 5세기에 그리스 역사가 헤로도토스 Herodotos는 대피라미드를 다음과 같이 기록

했어요.

　"쿠푸 왕이 모든 이집트인을 강요하여 자신을 위해 공사하도록 했다. 어떤 사람에게는 아라비아 산지에 있는 채석장에서 돌을 끌어다가 배에 실어 나일 강 건너편으로 나르도록 했으며, 다른 사람들은 그 돌을 받아 다시 리비콘이라는 산으로 끌고 가는 책임을 졌다. 10만 명이 무리를 이루면서 일했는데, 각 무리는 3개월씩 일했다. 10년 동안 사람들은 돌을 끌고 갈 도로를 만드는 일 때문에 괴로움을 당했다."

　흔히 예언자 모세가 이집트의 압제에서 노예들을 해방했다고 알고 있는데요. 구약 성경에 근거한 이야기죠. 그런데 현대의 많은 전문가들은 피라미드 건설에 동원된 사람들이 노예가 아닌 일반 자유민이었다고 봅니다. 농사를 짓지 않는 시기에만 나와서 일을 했으며, 왕은 그들에게 일한 대가로 식량을 주었다는 겁니다. 피라미드를 쌓는 공사장에서 제때에 보수를 받지 못해 '파업'을 했다는 기록도 남아 있답니다.

　하지만 노예였든 자유민이든 죽은 왕의 무덤을 건설하느라 수많은 사람들이 고통을 겪으며 인생을 허비했다는 사실은 변함없습니다. 한 사람, 그것도 죽은 사람을 위해 현대식 건설 중장비도 전혀 없던 그 시대에 어른 40여 명 몸무게를 합친 만큼의 무거운 돌덩어리 230만 개를 하나하나 들어 올려 147미터까지 쌓아 올린 건데요. 그 과정에서 얼마나 많은 사람이 죽거나 다쳤을까를 헤아리면 피라미드 아래서 한 맺힌 아우성이 들려오는 듯합니다.

신혼의 신랑과 신부를 죽음으로
내몬 성벽 쌓기

유라시아 대륙의 동쪽에도 세계적인 관광지로 자랑하는 유적지가 있는데요. 진시황이 쌓으라고 명령한 만리장성과 그가 살아 있을 때 지은 무덤입니다.

파라오의 무덤을 살펴본 만큼 진시황의 무덤부터 알아볼까요. B.C. 221년에 중앙 집권적 통일 국가를 이룩한 진시황^{B.C. 259~210}이 묻힌 곳이지요. 지금의 중국 대륙에는 당시 여러 나라들이 있었습니다. 그 나라들을 모두 정복해 하나로 통일한 왕이 진시황입니다. 그는 통일을 이루기 전부터 자신의 무덤을 준비했는데요. B.C. 247년 아버지로부터 왕위를 물려받아 진나라의 왕이 되었을 때, 그는 점술가를 불러 가장 좋은 무덤 자리를 고

르도록 지시해요. 이윽고 B.C. 221년에 대륙을 통일하자 본격적으로 무덤을 만들라고 합니다.

전국에서 끌려온 70만 명은 황제가 죽을 때까지 거대한 '지하 도시'를 건설하기 위해 쉬지 않고 일해야 했어요. 진시황이 죽자 지하 도시 건설에 관계한 주요 건축가들은 무덤의 비밀이 새면 안 된다는 이유로 감금당했지요. 진시황릉은 진나라 수도인 시안에서 35킬로미터 떨어진 곳에 43미터 높이의 커다란 무덤으로 남아 있습니다.

무덤 동쪽으로 1킬로미터 떨어진 곳에는 거대한 병마용갱이 있는데요. 시황제의 무덤을 지키기 위해 만들었다지요. '병마兵馬'는 병사와 말, '용俑'은 나무나 진흙, 돌로 만든 사람의 형상을 이릅니다. '갱坑'은 굴이지요. 병사용이 6,000여 개, 지휘관과 고관용 68개, 수레와 네 마리의 말이 끄는 전차가 나왔어요. 병마용은 황실 근위대의 숫자와 정확히 일치한다지요.

호화스런 무덤을 만든 진시황은 자신의 왕국을 지키기 위해 진나라 북쪽에 만리장성을 쌓기 시작했습니다. 평균 높이 7.8미터나 되는 만리장성에 올라 끝없이 이어진 성벽 위를 걸으면, 높은 산마루까지 돌을 날라 쌓았을 사람들이 떠오르지 않을 수 없어요. 흥미롭게도 만리장성에 담긴 민중의 고통을 생생하게 담은 이야기가 오랜 세월에 걸쳐 대대로 전해지고 있습니다.

갓 결혼한 신혼부부 맹강녀와 범기량이 그 주인공인데요. 진 시황이 만리장성을 쌓으면서 남편인 범기량이 공사에 끌려가게 되었지요. 맹강녀는 강추위가 몰아칠 산마루에서 일할 남편을 그리며 옷을 지었어요. 만리장성까지 몇 달에 걸쳐 길을 물어물어 걸어갔습니다. 가까스로 공사 현장에 도착했지만 남편이 사고로 죽어 성벽 밑에 묻혔다는 이야기를 들었습니다. 맹강녀가 울음을 터트리며 큰 소리로 통곡하자 성벽 800리^{314km}가 무너져 내리며 수많은 유골들이 드러났습니다. 맹강녀는 자신의 손가락을 깨물어 유골마다 핏방울을 떨어뜨렸는데요. 만약 남편의 유골이라면 자신의 피가 뼈로 스며든다고 믿었어요.

진시황은 그 비극 앞에서 어떻게 행동했을까요. 터무니없게도 맹강녀의 미모를 보고 '첩'으로 삼으려 했어요. 맹강녀는 진시황이 바닷가 높은 곳에서 남편을 위해 상복을 입고 제사를 지내 주면 따르겠다고 답했습니다. 진시황이 첩으로 삼을 욕심에 제사를 지내지만 맹강녀는 제사가 끝나자 남편의 유골을 받아 안고 바다로 몸을 던졌지요.

진시황만이 아니었어요. 자신의 권력을 지키려는 역대 왕들이 성벽을 더 이어 쌓았습니다. 현재 만리장성의 총길이는 2만여 킬로미터로 '1만 리'보다 훨씬 길어요. 그만큼 수많은 '맹강녀의 통곡'이 있었겠지요.

파라오와 진시황만
존엄한 사람일까

　오늘날 이집트와 중국의 대표적 관광지가 된 피라미드와 만리장성은 웅장합니다. 그 장엄한 유적을 만든 사람은 파라오나 진시황이 아니지요. 욕심 많은 왕들과 같은 시대를 살아간 수많은 사람들의 서러운 눈물과 한 맺힌 죽음이 배어 있습니다. 무게 590억 킬로그램과 길이 2만 킬로미터의 돌덩어리 밑에서 들려오는 피울음과 통곡은 우리에게 분명한 깨우침을 줍니다.

　파라오나 진시황만 존엄했던 시대는 이제 사라졌습니다. 21세기인 지금 어느 나라 대통령이 자신의 무덤을 짓겠다며 수십만 명을 감히 끌어가겠습니까? 왕정을 유지하고 있는 몇 안 되는 나라들도 꿈조차 꿀 수 없지요. 신혼의 건장한 신랑을 끌고

가 죽도록 부려 먹었으면 마땅히 신부 앞에 머리 숙여 용서를 빌지는 못할망정 첩으로 삼겠다니요. 현대 사회라면 그런 인간이 활동할 수 있을까요.

파라오나 진시황만이 아니라 모든 사람이 똑같은 인간으로서 존중받아야 합니다. 현재 지구촌 모든 나라가 헌법에 '인간의 존엄성'을 담고 있지요.

그렇다면 어떻게 이렇게 달라졌을까요. 그 이유는 역사적으로 아주 명쾌합니다. 왕들의 학정과 억압에 민중들이 맞서 일어섰기 때문이지요. 서양 문화권에서 가장 많이 꼽히는 사례가 노예 검투사 스파르타쿠스^{Spartacus, 미상~B.C. 71}의 봉기이지요. 당시 초강대국인 로마 제국의 황제에 맞서 무적을 자랑하던 정규군을 무찌르며 3년에 걸쳐 봉기를 이어갔습니다.

동아시아에선 다름 아닌 맹강녀 이야기가 곧장 역사적 사건으로 이어졌습니다. 원성 높던 진시황의 뒤를 이어 황제가 된 그의 아들은 더 포악했고 계속 장성을 쌓았는데요. 기원전 209년, 만리장성을 쌓는 일에 징용된 진승과 오광이 봉기에 앞장섰습니다. 성 쌓기에 끌려온 사람들에게 "어차피 죽을 목숨, 한 번 보람 있는 일을 하자"며 "왕후^{제왕, 제후}와 장상^{장수, 재상}이 어찌 따로 씨가 있겠냐"고 외쳤지요. 그러자 주변에 있던 사람들이 모두 만세를 부르며 호응했고 빠르게 세력을 모았어요. 동아시아 역사에서 큰 파장을 일으킨 최초의 농민 봉기였지요. 맹강녀의 슬픈 이야기가 퍼져 있어서 민중들이 더 공감했을 가능성이 높습니다.

　진승과 오광의 봉기는 실패로 끝났지만 "왕후와 장상이 어찌 따로 씨가 있겠냐"는 물음은 그후 수많은 사람을 일깨웠습니다. 다름 아닌 모든 인간의 존엄성을 선언한 생생한 외침이었으니까요. 진시황이 만리장성까지 쌓으며 아주 오랜 세월을 이어가리라 믿었던 진나라는 그가 죽은 뒤 겨우 3년 만에 멸망하고 말았어요. 초나라와 한나라로 갈라져 또다시 많은 사람이 죽음을 맞은 전쟁이 벌어졌습니다.

　신분 제도와 그 정점인 왕에 맞서 일어난 민중들의 봉기는 동아시아는 물론 유럽에서도 줄기차게 이어졌는데요. 왕권을 지키려고 수많은 사람을 학살하는 야만이 되풀이되었어요. 그럼에도 신분 제도에 맞선 싸움은 굽힘이 없어 그때마다 다시 일어났습니다. 그만큼 모든 사람이 인간의 존엄성을 지키며 살 수 있는 세상은 인류의 꿈이고 역사를 발전시킨 힘이었지요. 동서양의 세계사가 입증합니다.

　마침내 왕이 전권을 휘두르며 자신만의 존엄함을 내세운 기나긴 시대가 막을 내리게 됩니다. 그 시작은 유럽에서 일어났는데요. 무엇일까요. 바로 모든 인간의 존엄성을 바탕으로 한 민주주의입니다.

'인간은 정치적 동물' 그 오해와 이해

사람들이 '정치'를 불신하며 '정치인'을 욕하는 모습을 흔하게 볼 수 있습니다. 많은 정치인들이 선거 때면 온갖 좋은 말을 쏟아 내고 거리에서 만나는 사람들에게 깍듯이 인사하다가도 막상 당선되면 특권과 특혜를 누리고 있으니까요.

하지만 그렇다고 해서 정치를 외면하면, 언제나 그런 정치인들 아래서 살아가야 합니다. 그래서 '인간은 정치적 동물'이라는 말을 곰곰 짚어 볼 필요가 있어요. 고대 그리스 철학자 아리스토텔레스Aristoteles, B.C. 384~322의 유명한 그 말을 '인간이란 권력을 추구하는 동물'이라 이해한다면 큰 오해입니다.

사람은 언제나 어디서나 '정치'에서 벗어날 수 없다는 뜻입니다. 자신은 정치와 관계없이 살고 있다고 생각한다면, 가만히 짚어 보세요. 일상의 먹고 입고 자는 행위에도 정치는 깊숙이 개입되어 있으니까요. 가령 방사능으로 범벅되거나 암을 유발하는 먹

아리스토텔레스

거리는 정부가 어떤 통상 정책을 펴느냐와 직결됩니다. 옷도 마찬가지지요. 이슬람 여성이 얼굴을 가리는 차도르는 그 나라에 어떤 정치 체제가 들어서느냐에 따라 강제되기도 자유로워지기도 합니다.

개개인의 집도 정치 체제에 따라 큰 차이가 있습니다. 공공 주택 비중이 높아 집 구하기 쉬운 나라가 있는 반면에 아파트값이 치솟아 양극화가 커져 가는 나라도 있습니다. 그 또한 어떤 부동산 정책을 선택하느냐의 정치 문제와 직결되어 있어요.

정치는 기본적인 의식주뿐만 아니라 한 번뿐인 우리 삶의 질을 좌우합니다. 정부 예산으로 살펴볼까요. 국민이 낸 세금을 모은 예산은 엄청납니다. 그것을 어디에 어떻게 쓰느냐에 따라 우리의 삶이 사뭇 달라질 수 있습니다. 실제로 지구촌에는 부자들에게 세금을 깎아 주는 정당도 있고, 복지국가를 만드는 정당도 있거든요. 우리 생명을 위협하는 전쟁 발발도 정치적 결정입니다. 인간이 정치적 동물임을 이해했다면 민주주의 뜻을 더욱 정확히 알아야겠지요.

아테네 민주주의 성취와 소크라테스

디딤돌
2

피라미드와 만리장성에서 들려오는 소리는 새삼 민주주의가 얼마나 소중한가를 일깨워 주는데요. 고대 그리스의 도시 국가 아테네는 이집트나 진나라와 사뭇 달랐어요. 역사가들과 정치학자들이 민주주의가 처음 시작된 곳으로 꼽고 있죠. 처음에는 아테네도 왕정이었어요. 그런데 상업이 발달하고 상류층이 생겨나면서 경제력과 토지를 모두 가진 귀족들이 점차 실권을 장악합니다. 귀족들이 공동으로 통치하는 체제가 된 거죠.

민중들도 정치 참여를 요구하기 시작하자 클레이스테네스 $^{Cleis-}$$^{thenes, B.C. 570~508}$가 개혁에 나섰습니다. 귀족 중심의 정치 제도를 폐지했지요. 모두가 동등한 권리를 갖는 정치 제도를 실현하려 했어요. 그래서 입법과 행정의 주요 사안을 주민들의 투표로 결정했지요. 법을 만드는 의회에서 일할 의원은 주민 가운데 추첨을 통해 임명했고요. '조개껍질 투표'로 지도자를 탄핵하는 제도도 창

안했어요. 민주주의에 해를 끼칠 사람을 조개껍질에 적어서 낸 뒤 다수가 되면 10년 동안 아테네 밖으로 쫓아냈습니다. 그 시기에 다른 나라들은 왕과 귀족의 통치 아래 있었기에 아테네의 직접 민주주의적 제도는 한층 돋보입니다. 영토가 작은 도시 국가에 적합한 제도였지만 고대에서 찾을 수 있는 민주적 성취이지요. 다만 그림자도 짙습니다. 아테네가 직접 정치적 민주주의 아래서 소크라테스^{Socrates, B.C. 470?~399}에게 사형을 선고하고 집행했거든요. '어리석은 사람들'이 다수결로 결정했다는 뜻으로 '중우 정치'라는 말이 나오는 까닭이지요.

소크라테스

무엇보다 모든 사람에게 투표권을 주지 않았던 사실이 아테네 민주주의의 결정적 한계입니다. 오직 성인 남성만 투표할 수 있었어요. 당시 아테네 주민은 25만 명 수준이었는데요. 미성년자, 여성, 노예, 외국인 들이 제외되어 유권자는 3~5만 명에 그쳤지요. 고대 그리스의 도시 국가들이 마케도니아의 알렉산더에게 정복당하면서 제한적이나마 구현된 아테네 민주 정치는 사라졌습니다. 하지만 근대 이후 새롭게 조명받으며 민주주의자들에게 영감을 주었습니다. 아울러 소크라테스의 죽음을 되새기며 중우 정치에 경각심도 키웠지요.

2 법치와
선거의 즐거움

Democracy

'왕 마음대로'에서
'법대로'

　　왕이 군림하는 정치는 세계사에서 수천 년을 이어 갔습니다.
포악한 왕과 달리 현명한 왕도 있었다고 하지만 그 왕도 정도의
차이만 있을 뿐 자기 마음대로 나라를 통치했어요. 하루하루를
땀 흘려 일하며 식량과 생활필수품을 생산하는 사람들에게 세
금을 거두어 왕과 왕비, 왕자와 공주 모두 호화스럽게 살았습니
다. 왕은 자신의 권력과 왕국을 지킬 군사력도 세금으로 유지했
지요. 왕국 안에서 살고 있는 모든 사람과 재산을 왕은 자기 소
유물로 여겼습니다. 마음만 내키면 개개인의 목숨도 재산도 언
제든 빼앗을 수 있었지요. 욕심이 더 크면 다른 나라를 침략해
들어가 왕국의 영토를 넓혔어요. 그 과정에서 착한 사람들이 얼

마나 많이 서로를 죽여야 했는지 헤아리기도 어렵습니다.

드물게 덕성을 갖춘 왕이 있더라도 그가 죽으면 왕위를 물려받은 아들이 폭군이 되는 사례가 많았습니다. 아주 드물게는 왕이 쫓겨나기도 했는데요. 하지만 그 자리를 또 다른 왕이 차지했습니다.

그래서 왕 마음대로 나라를 통치해 온 '전통'을 근본적으로 바꾸자는 생각이 자연스레 퍼져 갔습니다. 다만, 그런 생각을 한다는 것이 드러나기만 해도 자신은 물론 가족들까지 목숨을 잃기가 예사였기에 더디게 퍼질 수밖에 없었어요.

왕을 정점으로 한 중앙 집권 체제는 유럽보다 동아시아 왕국들에서 강력했습니다. 유럽의 왕국들에서는 왕의 권위가 교황의 권위와 다투기도 하며 상대적으로 느슨했는데요. 그래서 왕에 맞서 왕권을 제한하려는 움직임이 유럽에서 동아시아보다 더 활발하게 일어날 수 있었지요.

인류가 왕 마음대로 통치하는 왕정 시대에서 벗어나는 출발점을 13세기 영국에서 찾을 수 있습니다. 당시 영국의 왕은 존 John, 1167~1216이었어요. 지금과 달리 영국은 바다 건너 프랑스에도 영토를 가지고 있었지요. 그런데 존 왕이 프랑스와 벌인 전쟁에서 잇따라 패배하면서 '땅 뺏기는 왕'이라는 조롱 섞인 별명까지 붙었지요. 왕국 안에서 그의 권위는 백성들은 물론 귀족들 사이에서도 떨어질 만큼 떨어졌습니다. 프랑스와 전쟁을 벌일 때마다 막대한 세금을 내야 했던 귀족들은 더는 지켜볼 수 없다며 힘을 모았지요. 왕을 대체할 마땅한 후보가 없어 고민하던 귀족들은 존을 왕위에 두되 왕권을 억제할 방안을 마련했습니다.

1215년 1월에 무장을 하고 왕을 찾아간 귀족들은 왕권을 제한하는 63개 조항을 적어 존에게 서명하라고 압박했습니다. 잇따른 군사적 패배에 더해 무장한 귀족들이 압박하자 왕은 1215년 6월 15일에 63개 조항 모두 동의한다며 서명했습니다. 그 조항들이 바로 '마그나 카르타^{magna Carta}'로 불리는 대헌장^{Great Charter}입니다.

대헌장으로 왕은 마음대로 세금을 부과할 수 없게 되었습니다. 자유의 권리를 보장한 조항도 돋보입니다. "누구를 막론하고 합법적 재판 또는 국법에 의하지 않는 한 체포, 감금, 점유 침탈, 법익 박탈, 추방 또는 그 외의 어떠한 방법에 의하여서라도 자유가 침해되지 아니한다"고 선언합니다. 왕이 멋대로 사람들을 처벌하거나 강제로 동원할 수 없다는 획기적 의미를 담고 있지요.

하지만 그 '자유'는 당시 성장하고 있던 상인들에게만 적용되었습니다. 아무런 지위도 땅도 없는 농노들은 권리를 누릴 수

4개의 사본이 남아 있는 마그나 카르타(대헌장) **가운데 영국 도서관에 소장된 1215년판 사본.**

없었어요. 당시 인구로 보면 그들이 대다수였는데도 그랬습니다. 모두의 기본권과 자유를 위한 정의로운 싸움이라는 명분을 내걸었지만 실제로는 귀족들과 당시 부를 축적해 가던 상인들의 이익을 위한 헌장이었던 거죠.

왕과 귀족의 타협으로 이뤄진 헌장이기에 한계가 뚜렷했음에도 왕이 마음대로 통치해 온 관례를 문서로 제한했다는 의미는 큽니다. 민주주의를 꿈꾼 사람들이 마그나 카르타를 인용하며 근대적 의미를 불어넣었기에 더 그렇습니다. 그래서 근대 법치주의의 출발을 마그나 카르타에서 찾습니다. 현대 영국 헌법의 뿌리로 꼽히지요.

반세기가 지난 1265년에 민주주의가 한 걸음 나아갑니다. 그때까지 귀족들로만 대자문회의^{의회의 초기 형태}를 구성해 왕권을 견제했는데요. 귀족들 사이에 갈등이 일어나면서 자기 세력을 넓히려는 귀족에 의해 각 도읍에서 두 명씩 선출한 대표자들이 참석할 수 있게 되었습니다. 바로 의회의 출발입니다. 영국 정치에 자리 잡은 의회는 점차 세계로 퍼져 가 의회 정치의 모델이 되었지요.

왕 마음대로 내리는 명령이나 강제력이 아니라 의회가 만든 법이 지배하는 나라가 법치국가입니다. '법치주의'라는 말 그대로 '법에 의한 지배^{Rule of Law}'가 온전히 구현되려면 마그나 카르타에서 더 나아간 역사적 변화가 필요했는데요. 바로 왕의 정치에 마침표를 찍는 일입니다.

시민혁명,
민주주의를 싹 틔우다

왕의 권한을 제한하는 변화에서 더 나아가 왕이 아예 정치에 관여하지 못하게 법제화하거나 왕을 대체한 권력자를 투표로 뽑는 변혁이 일어납니다. 바로 세계사적 전환점인 시민혁명입니다. 근대 민주주의를 연 '3대 시민혁명'으로 영국혁명, 미국 독립 전쟁, 프랑스혁명을 꼽습니다. 차례대로 살펴볼까요.

17세기에 들어서면서 영국에 다시 정치적 변화가 일어납니다. 스페인의 무적함대를 침몰시키고 해외 식민지 개척에 적극 나선 엘리자베스 1세^{1533~1603} 시절에 왕의 권위는 크게 높아졌는데요. 그를 이은 제임스 1세는 왕이 "신에 의해 창조된 것"이라며 모든 사람은 "왕에 절대로 복종할 의무가 있다"고 주장했어요. 마그나 카르타와 의회를 중시하는 전통을 왕이 전면 거부함에 따라 갈등은 일어날 수밖에 없었습니다. 그 갈등은 경제적 이해관계로 한층 커졌는데요. 제임스 1세가 자신의 측근에게 무역 독점권을 주었거든요. 따라서 모직물 공업의 경영자들이 포진하고 있던 의회와 이해관계가 어긋날 수밖에 없었지요. 역사적 변화 과정에 경제적 이해관계가 얼마나 중요한가를 새삼 실감할 수 있습니다.

왕과 의회의 관계가 악화된 상황에서 1625년 제임스 1세가 죽고 아들 찰스 1세가 왕위에 오릅니다. 그 또한 측근에게 온갖 경제적 특혜를 주고 사치를 일삼았지요. 그러면서도 유럽 대륙의 크고 작은 분쟁에 군대를 보내 간섭하느라 국고가 바닥났습니다. 그때마다 아무런 머뭇거림도 없이 세금을 더 거두어들였어요.

영국 의회는 1628년 찰스 1세에게 '권리 청원'을 제출했습니다. 마그나 카르타에 근거해 왕권을 제한한 규정을 구체적으로 제시한 거죠. 찰스 1세는 텅 빈 국고를 채우기 위해 일단 의회가 제출한 권리 청원을 승인했습니다. 하지만 세금을 거둔 뒤에는 다시 의회를 무시했어요. 그때 스코틀랜드에서 반란이 일어났는데요. 진압하려면 돈이 필요했던 찰스 1세가 손을 내밀자 의회는 기다렸다는 듯이 왕권을 구체적으로 제한하는 법을 통과

2

법치와 선거의 즐거움

시켰습니다. 동시에 왕의 측근들을 반역죄로 전격 처형했지요.

찰스 1세는 격분했습니다. 의회를 제압하려고 군대를 동원하면서 내전이 벌어졌습니다. 영국 정계는 왕당파와 의회파로 쪼개졌지요. 1642년부터 1651년까지 이어진 내전을 '청교도혁명'이라고 부릅니다. 의회파의 주축이 청교도였거든요. 그 지도자가 올리버 크롬웰Oliver Cromwell, 1599~1658이었습니다. 왕당파가 초기에는 유리했지만 시간이 갈수록 민심이 의회파로 기울었지요. 결국 체포된 찰스 1세는 반역죄 혐의로 특별 법정에 회부되었습니다. 법정에서 '선량한 민중들을 억압하고 살생한 대역죄'로 사형을 선고받고 참수됐습니다. 민주주의는 그렇게 더 나아갔습니다.

올리버 크롬웰

크롬웰은 공화정을 선포하고 '호국경' 자리에 올라 영국을 통치했습니다. 그를 지지하는 세력이 다수가 된 의회는 나라를 안정시켜야 한다며 그에게 왕관을 쓰라고 권했어요. 크롬웰은 공화정에 대한 신념을 내세워 거절했습니다.

하지만 크롬웰이 죽은 뒤 영국 정치는 그가 바라던 바와 정반대로 흐릅니다. 크롬웰이라는 구심점을 잃어 내분이 일어나자 결국 처형당한 찰스 1세의 아들이 왕위에 오릅니다. 찰스 2세를 거쳐 제임스 2세가 다시 왕권 강화에 나서자 의회는 격분했습니다.

의회는 1688년 제임스 2세를 전격 추방하고 그의 딸인 메리와 메리의 남편 윌리엄을 추대했습니다. 공동 왕으로 즉위한 메리와 윌리엄은 정치적 기반이 약했기 때문에 의회가 제출한 '권리 장전Bill of Rights'을 승인할 수밖에 없었지요. 피를 흘리지 않고 입헌군주제로 혁명적 전환을 했기에 이를 '명예혁명Glorious Revolution'으로 부릅니다. 하지만 앞서 찰스 1세—제임스 2세의 아버지—의 처형으로 이미 피 흘린 역사가 있었기에 '명예로운 혁명'이 가능했던 거죠.

권리 장전은 영국 헌정사만이 아니라 세계 민주주의 역사에서 중요한 의미를 갖습니다. 왕은 의회의 승인 없이 법을 제정하거나 법의 효력을 정지시킬 수 없고, 세금을 부과할 수 없도록 구체적으로 명문화했거든요. 군대 유지도 의회 승인이 필요하게 되었지요. 의회에서 토론은 자유로워야 하고, 법은 공정하고 적절하게 운영되어야 한다고 선언했습니다. 권리 장전은 미국의 독립 선언, 프랑스 인권 선언에 영향을 끼쳤습니다.

명예혁명 이후 영국 의회는 종교의 자유를 보장하는 관용법, 왕의 요청이 없어도 해마다 의회를 열고 3년마다 의회 선거를 실시하는 법을 차례로 제정하며 정치적 위상을 확고히 굳혔습니다. 권리 장전을 계기로 영국 정치의 주요 무대는 왕궁에서 의회로 옮겨졌습니다. 왕은 정치를 모두 내각에 맡겼지요. 정치적 안정을 갖춘 영국은 활발하게 해외 진출을 전개했고, 산업혁명을 일으키며 자본주의적 경제 성장에 가장 앞설 수 있었습니다.

영국이 입헌군주제를 정립해 나가던 시기에 경제적 이익 또는 종교적 자유를 찾아 식민지인 북아메리카로 이주하는 영국인이 늘어나며 거주민 규모가 커졌습니다. 영국 정부가 식민지 거주민들에게 세금을 더 많이 걷겠다고 나서자 불만이 높아 갈 수밖에 없었지요. 그들은 런던의 의회에 자신들의 대표가 없으므로 세금도 낼 수 없다는 명분을 내세우고 '세금 거부 운동'을 대대적으로 전개했습니다. "대표 없이 과세 없다No taxation without representation"라고 주장했지요. 정부가 그들의 요구를 거부하자 1776년 영국으로부터 독립을 선언하고 전쟁에 나섰습니다. 독립 전쟁에 승리한 뒤 총사령관이던 조지 워싱턴이 미국의 초대 대통령으로 선출됨으로써 새로운 형태의 민주공화국이 탄생합니다.

**1781년 미국 독립 전쟁을 사실상 종결시킨 요크타운 전투에서
영국군 사령관 콘월리스가 항복하는 모습.**

　미국 독립선언문은 모든 나라가 왕국이던 시대에 자못 혁명
적이었습니다. 선언은 모든 사람이 평등하게 태어났다며 "생
명, 자유, 행복의 추구를 포함하여 다른 사람에게 양도할 수 없
는 확실한 권리"가 있다고 밝힙니다. 이어 어떤 정부든 그 권리
를 침해한다면 안전과 행복을 가장 잘 구현할 수 있는 "새로운
정부를 조직하는 것이 민중의 권리"라고 강조했습니다. 미국의
독립 전쟁과 새로운 공화국의 등장은 왕정에서 벗어나 민주주
의를 일궈 가는 역사에 큰 진전이었습니다.

왕국과 민국 사이에
흐른 강

프랑스를 중심으로 중세의 낡은 질서를 비판하는 계몽주의 사상이 퍼져 가고 있었음에도 정작 프랑스 왕실은 화려한 사치에 매몰되어 있었습니다. 만족을 모르던 루이 16세는 세금을 더 걷으려고 삼부회를 소집했는데요. 삼부회는 성직자**제1신분**, 귀족 **제2신분**, 평민**제3신분**으로 구성된 신분제 의회였어요. 제1신분인 성직자와 제2신분인 귀족을 더해도 전 인구의 2퍼센트밖에 안 되었습니다. 그들은 세금을 면제받았을 뿐만 아니라 관직을 독점했지요. 상인, 농민, 수공업자를 비롯해 민중들이 인구의 98퍼센트를 차지하고 있었는데요. 제3신분은 세금을 가장 많이 부담하면서도 정치적 권리는 거의 없었습니다. 경제적으로 성장한 상공인들을 중심으로 제3신분은 왕정에 비판 의식이 갈수록 커져 갔어요.

1789년 베르사유 궁전에 모인 삼부회의 의원들 사이에 표결 방식을 놓고 의견이 갈라졌습니다. 제1신분과 제2신분은 기존의 전통적 방식인 신분별 투표를 고집했지만, 제3신분의 대표들은 전체 회의 방식과 다수결 표결을 주장했습니다.

제1신분과 제2신분이 전혀 양보할 뜻을 보이지 않자 제3신분의 대표들은 자신들의 뜻에 공감하는 일부 성직자, 귀족과 함께 궁전의 테니스코트에 따로 모여 회의를 진행했습니다. 자신들이 프랑스를 대표하는 진정한 의회임을 선언하고, 새로운 헌법을 제정할 것을 결의했지요.

새로운 의회가 헌법 제정 작업에 들어가자 왕은 군대를 동원해 해산에 나섰습니다. 하지만 새 의회를 지지하는 민중들이 왕의 군대에 맞서 일어났습니다. 왕정을 비판한 사람들이 갇힌 감옥을 민중들이 습격한 1789년 7월 14일을 프랑스는 '혁명 기념일'로 정해 지금까지 기념하고 있습니다.

파리의 민중들이 바스티유 감옥을 부쉈다는 소문이 삽시간에 퍼지면서 혁명의 열기가 전국적으로 끓어올랐습니다. 농민들은 곳곳에서 귀족인 영주의 성을 습격하고 문서를 불태우며 특권을 폐지하라고 요구했습니다. 국가 구성원의 대다수인 농

1789년 7월 14일 바스티유 감옥을 습격하는 파리 민중들.

민들의 저항이 거세지자 의회는 모든 인간의 권리를 담아 '인권 선언'을 발표했습니다.

프랑스 인권 선언은 제1조에서 "인간은 자유롭고 평등하게 태어나 살아간다"고 천명했고 제3조에서 "모든 주권의 원리는 본질적으로 민중에게 있다. 어떤 단체나 어떠한 개인도 명백히 민중으로부터 유래되지 않은 권력을 행사할 수 없다"고 단언했습니다.

혁명이 전개되고 있었음에도 왕은 새 의회를 인정하지 않고 어떻게 물리칠까 골몰했습니다. 의회가 낡은 질서의 상징인 교회 재산을 몰수하고 사회 질서를 재편하는 과정에서 루이 16세가 오스트리아로 탈출하는 사건이 일어났습니다. 하지만 국경 부근에서 붙잡혔지요. 왕에 대한 민중의 반감이 한층 높아졌습니다. 외세를 끌어들이려는 루이 16세와 왕비 마리 앙투아네트를 더는 살려 둘 수 없다는 공감대가 퍼져 갔어요. 혁명 지도부는 두 사람을 각각 단두대로 보내 처형했습니다. 루이 16세의 목이 단두대에서 툭 떨어지자 현장을 지켜보던 민중들은 만세를 불렀습니다.

프랑스혁명이 자유와 평등을 선언하고 군주제 폐지를 실행에 옮기면서 유럽의 왕국들은 큰 불안감에 휩싸였습니다. 무엇보다 단두대 처형은 유럽 각국의 왕과 왕비들에게 충격과 공포감을 불러일으켰지요. 왕비 앙투아네트의 모국이던 오스트리아가 앞장서고 영국과 프로이센이 중심이 되어 혁명의 전파를 막을 동맹을 결성했습니다.

혁명을 저지하려는 동맹국들과 프랑스 사이에 여러 차례 전쟁이 벌어졌습니다. 그 결과로 프랑스의 물가가 크게 오르고 생필품 부족을 비롯해 경제 위기가 심화됐지요. 왕당파를 비롯해 반혁명 세력의 움직임도 갈수록 거셌습니다.

혁명과 대외 전쟁 속에서 지쳐 가던 프랑스인들은 정국을 안정시키고 외침을 막아 낼 강력한 정부가 출현하기를 바라고 있었는데요. 그 상황을 절호의 기회로 포착한 사람이 나폴레옹입니다. 1799년 쿠데타를 일으켜 정부를 무너뜨리고 정권을 잡았습니다. 프랑스혁명 정신을 담은 '나폴레옹 법전'을 편찬함으로써 '민심'을 얻었지요. 인기가 높아가자 나폴레옹은 전격적으로 국민 투표를 감행해 황제의 자리에 올랐어요. 왕정을 무너뜨린 지 10년 만에 황제가 재등장한 거죠.

나폴레옹이 유럽 정복에 나서면서 그의 의도와 무관하게 프랑스혁명의 이념이 자연스럽게 퍼져 갔습니다. 하지만 나폴레옹은 무리하게 러시아 원정에 나섰다가 몰락하게 됩니다. 그러자 처형당한 루이 16세의 아우가 왕위에 올랐어요. 과거의 왕정으로 복귀한 거죠.

민중들은 혁명 정신인 자유·평등·우애를 잊지 않고 줄기차게 왕정과 싸워 나갔습니다. 1830년 혁명과 1848년 혁명을 거쳐 1871년에 이르러서야 프랑스에서 왕정이 끝납니다. 1871년의 파리는 '피의 일주일'이라고 부를 만큼 처절한 시가전이 벌어져 3만 명의 민중이 학살됐습니다. 민중들의 끝없는 투쟁으로 이제 누구도 감히 왕정으로 되돌리려고 나서지 못하게 되었습니다. 민주주의는 '피를 먹고 자라는 나무'라는 말을 실감할 수 있겠지요. 왕이 마음대로 하는 '왕국'과 법치에 따른 '민국' 사이에 민중의 피가 강물처럼 흘렀으니까요. 1789년에서 1871년에 이르는 프랑스혁명의 과정은 민주주의를 구현하려는 사람들에게 큰 영감을 주었습니다.

보통선거권에 숨은 세계사적 진실

디딤돌

시민혁명으로 왕이 물러나고 선거 제도가 도입되었습니다. 당연히 모든 국민이 투표의 즐거움을 누렸으리라 생각하기 쉽지만 실제로는 그렇지 않았습니다. 1789년에서 1871년에 이르는 프랑스혁명 과정을 살펴보았듯이 아래로부터의 혁명이 줄기차게 이어졌고 드디어 1848년에 모든 남성이 투표권을 갖게 되었는데요. 하지만 프랑스에서 여성의 투표권은 1946년이 되어서야 주어졌습니다. 영국 여성들도 중산층 남성들이 투표권을 얻은 뒤 다시 100년 가까운 싸움 끝에 투표할 권리를 얻었어요. 20세기가 열릴 때까지 지구의 그 어떤 나라도 여성에게 선거권을 주지 않았습니다.

명예혁명을 이룬 영국의 선거권도 〈표2〉처럼 단계적으로 확대되었습니다. 남성도 신분이나 재산, 인종에 따라 제한했지요. 사회에서 부와 권력을 누리던 사람들이 모든 사람에게 투표권을 주

〈표1〉 세계 각국의 남녀 참정권 인정 시기

구분	프랑스	영국	미국	독일	이탈리아	일본	한국
남성	1848년	1918년	1870년	1871년	1912년	1928년	1948년
여성	1946년	1928년	1920년	1920년	1945년	1945년	1948년

〈표2〉 영국의 투표권 확대 과정

시기	내용
1800년대 초기	귀족과 부자만 투표권 인정
1832년 선거법	중산계급에 투표권 인정(총인구 3퍼센트인 65만 명이 투표권을 가짐)
1867년 선거법	도시 소시민과 노동인까지 확대(총인구 7퍼센트인 200만 명으로 증가)
1848년 선거법	농부와 광부의 투표권 인정(총인구 12~13퍼센트인 440만 명으로 증가)
1918년 선거법	30세 이상의 부인에 투표권 인정
1928년 선거법	모든 성인 남녀에 투표권 인정(보통선거제 확립)

면 자기들의 이익이 위협받을 수 있다고 우려했기 때문이지요. 미국은 1920년에 보통선거제를 실시했지만 실제로 흑인들이 투표권을 행사한 것은 1965년이 되어서였어요.

그렇다면 왜일까요? 무엇이 선거권을 확대하게 했을까요? 노동인들이, 여성들이, 흑인들이 선거권을 요구하며 끊임없이 아래로부터 투쟁했기에 가능했습니다. 선거권이 한 차원 더 확대될 때마다 수많은 민중이 피를 흘렸습니다. 선거권 확대는 민주주의라는 '피를 먹고 자라는 나무'의 한 가지였던 게지요.

2
법치와 선거의 즐거움

3 국가 권력의 삼권분립과 법의 참뜻

Democracy

권력을 입법·행정·사법으로
나눈 까닭

시민혁명으로 오랜 세월에 걸쳐 왕이 휘둘러 온 권력은 사라지기 시작했습니다. 미국과 프랑스에서 대통령이 왕을 대체했습니다. 영국은 명예혁명으로 입헌군주제의 길로 들어섰고, 왕의 권한과 위상은 갈수록 줄어들게 됩니다. 현재는 아무런 실질적 권한이 없어 입헌군주제보다 '왕관을 쓴 공화제Crowned republic'로 불리기도 합니다.

왕의 자리는 혈연으로 자자손손 세습하지만 대통령은 전혀 다릅니다. 굳이 비유하자면 '왕'을 투표로 뽑고 임기가 끝나면 다시 선거하는 제도이지요. 시민혁명이 '모든 인간은 평등하다'고 선언했듯이 그 이전까지 지배만 받아 온 평민도 '왕'으로 선출될 수 있게 된 거죠.

하지만 그것만으로는 부족했습니다. 왕과 대통령은 엄연히 다르니까요. 왕이 지녔던 권력을 선거로 뽑힌 사람에게 넘긴다고 해서 민주주의가 구현될 수 없지요. 그래서 권력을 세 부분으로 나누어 서로 견제케 했습니다. 바로 삼권분립이지요.

로크

삼권분립separation of powers은 국가의 권력을 입법·행정·사법으로 나누어 각각 다른 기관이 맡는 제도입니다. 국가 기관이 서로 견제하여 권력의 남용을 막기 위해서이지요. 영국의 철학자 로크John Locke, 1632~1704가 행정과 입법의 분리를 제안한 데 이어 프랑스의 몽테스키외Montesquieu, 1689~1755가 삼권분립을 주창했어요. 미국이 독립하며 그 사상을 받아들여 대통령부, 연방의회, 재판소로 국가 기관을 나

몽테스키외

누어 연방 헌법을 제정했습니다. 대통령부가 행정부, 연방의회가 입법부, 재판소가 사법부인 거죠.

입법부는 말 그대로 법을 만드는 권력 기관입니다. 국회가 입법부이지요. 입법부에서 모든 국민의 삶에 영향을 끼치는 법률을 제정합니다. 과거에는 왕 마음대로였지만 국민이 선출한 국회의원들이 회의를 통해 법률을 만들거나**제정** 고칩니다**개정**.

행정부는 곧 정부입니다. 대통령과 국무총리, 행정 각부의 장관들로 구성됩니다. 입법부에서 만든 법률에 근거해 나라를 운영하는 권력 기관이지요.

그럼 입법부와 행정부는 각각 자기 일만 하는 걸까요. 그렇지는 않습니다. 입법부는 행정부가 법률에 따라 나라를 운영하는지 살펴야겠지요. 이를 '국정감사권'이라고 합니다. 국회**입법부**에서 정부**행정부** 업무를 점검하는 제도인데요. 국회는 정부를 대상으로 해마다 국정감사에 나섭니다. 신문이나 방송을 통해 국회의원들이 행정부의 국무총리나 각 부 장관들에게 질문을 하고 잘잘못을 추궁하는 모습을 많이 보았을 거예요.

그럼 행정부는 입법부에 아무런 견제 수단이 없을까요? 공평하지 않겠지요. 정부는 국회에서 만든 법안에 거부할 권한을 지니고 있습니다. 국회에서 법을 제정하거나 개정해도 대통령이 거부하면 법률이 되지 못하는 거죠. 이를 '법률안 거부권'이라고 하는데요. 국회가 만든 법이 옳지 않다고 판단할 때 대통령이 그 법을 국회로 돌려보내 재의^{다시 논의}를 요구하는 권한입니다.

사법부는 대법원, 고등법원, 지방법원을 비롯한 여러 법원 조직을 아우릅니다. 입법부에서 만든 법률에 따라 그것을 위반한 사람들을 처벌하는 권력 기관이지요. 법을 위반하면 행정부의 대통령을 비롯해 모든 공무원, 입법부의 국회의원들도 국민들과 똑같이 법에 따라 처벌하지요. 지방법원^{지법}, 고등법원^{고법}, 대법원^{대법}으로 세 번에 걸쳐 판결을 확정하는 삼심제입니다. 사법부는 국회가 만든 법률이 헌법에 맞는지 여부를 심사^{헌법재판소}하는 권한도 지니고 있습니다. 행정부는 대법원장을 임명하는 권한을 통해 사법부를 견제합니다. 입법부는 대법원장 임명에 동의하거나 반대하는 방식으로 견제하고요. 국회에서 국회의원 과반 출석, 과반 찬성을 얻어야 대법원장에 취임할 수 있습니다.

세 권력 기관은 서로 견제하며 각각 자신에게 주어진 일을 하고 있는 건데요. 어떤 일들을 하는지 좀 더 살펴볼까요.

법치주의 국가에서 입법은 국민의 삶에 큰 영향을 끼치기 때문에 국회를 구성하는 의원들을 선거로 선출합니다. 의회 구성 방법은 나라마다 차이가 있는데 대한민국에서 국회의원의 임

대한민국 국회의사당.

기는 4년입니다. 나라 전체를 일정한 지역으로 나누어 각각 그
곳에 살고 있는 주민들이 직접선거로 대표를 뽑는 거죠. 그렇게
뽑힌 국회의원들이 회의를 통해 다수결로 법률을 제정하거나
개정합니다.

국회가 국정감사권 못지않게 지닌 권한 가운데 하나가 예산
안 심의권입니다. 정부가 한 해 동안 어떻게 국민의 세금을 쓸
것인지 계획한 예산안을 심의하고, 불필요한 지출은 없는지, 필
요한 곳에 충분히 배정되었는지 분석해서 최종적으로 확정합
니다. 국민들이 낸 세금을 정부가 마음대로 쓰지 못하도록 통제

하는 막중한 책임이지요.

국제 조약 비준 동의권도 있습니다. 정부가 외국과 맺은 중요한 조약이나 협정이 국가와 국민에게 어떤 영향을 끼칠지 검토합니다. 대통령의 외교 권한을 견제하는 중요한 장치로 국회의 동의를 얻어야 효력이 발생하지요.

국회의 탄핵 소추권은 최근의 정치사에서 잘 알려진 권한이지요. 대통령, 국무총리, 장관을 비롯한 고위 공직자가 헌법이나 법률을 위반했을 때, 국회가 탄핵 소추안을 발의해 파면을 요구할 수 있습니다. 정부의 권력 남용을 막는 장치이죠.

행정부는 대통령을 수반으로 입법부에서 제정된 법률의 취지에 따라 세부적인 정책을 만들고 이를 실제 생활에 적용합니다. 예산안을 편성해 국회 승인을 받은 뒤 국민에게 걷은 세금을 쓰며 정책을 집행하지요. 대통령은 국가 원수로서 다른 나라의 정상과 만나 외교 활동을 펼치고, 국제 조약을 체결합니다. 국제 사회에서 국가의 위상을 높이는 일을 해야겠지요.

사법부는 구체적인 사건에 맞춰 법을 해석하고 적용합니다. 그 과정에서 입법의 정신과 목적을 구현하지요. 국민의 자유와 권리가 국가 기관이나 다른 개인에 의해 침해당했을 때, 사법부가 법적인 판단을 통해 이를 보호하고 구제해 주거든요.

간략히 살폈듯이 국가 권력을 나누어 가진 입법·행정·사법부가 각자 자기 일을 충실히 함으로써 민주주의를 구현해 가는 제도가 삼권분립인데요. 이를 견제와 균형 Checks and Balances 원리 라고 합니다.

18세 미만의 권리와
법의 참뜻

　국가 기관의 삼권분립은 견제와 균형이 원칙이지만 법치에 기반을 두기에 원칙적으로 입법이 중요합니다. 흔히 법률 제정이나 개정이라 하면 너무 딱딱한 이야기라 재미없다고 느낄 수 있지만 오해입니다.

　법이 우리 삶에 어떤 의미가 있는지 구체적으로 짚어 볼까요. 미래 세대가 더 나은 내일을 일궈 가려면 먼저 자신이 발 딛고 있는 현실을 파악해야겠지요. 18세 미만인 국민의 권리를 보장한 법률이 있다는 사실, 알고 있나요? 알고 있다고 해도 그 법률을 읽어 보신 적이 있을까요? 그 법률의 이름은 '아동복지법'입니다. 법률이 75개조에 이르고 부칙도 있어서 전문을 소개하기는 어렵지만 그 법률이 지닌 의미는 알아 둘 필요가 있지요.

먼저 '제1장 총칙'에서 법률 제정의 목적과 기본 이념을 다음과 같이 규정하고 있습니다.

제1조(목적) 이 법은 아동이 건강하게 출생하여 행복하고 안전하게 자랄 수 있도록 아동의 복지를 보장하는 것을 목적으로 한다.

제2조(기본 이념) ① 아동은 자신 또는 부모의 성별, 연령, 종교, 사회적 신분, 재산, 장애 유무, 출생 지역, 인종 등에 따른 어떠한 종류의 차별도 받지 아니하고 자라나야 한다.

② 아동은 완전하고 조화로운 인격 발달을 위하여 안전한 가정 환경에서 행복하게 자라나야 한다.

③ 아동에 관한 모든 활동에 있어서 아동의 이익이 최우선적으로 고려되어야 한다.

④ 아동은 아동의 권리 보장과 복지 증진을 위하여 이 법에 따른 보호와 지원을 받을 권리를 가진다.

혹시 "아동"이란 말이 거북하거나 막연하다고 느끼나요. 법은 제3조에서 아동은 "18세 미만인 사람을 말한다"고 밝힙니다. 어린이와 청소년을 아우르는 말인 거죠.

아동복지법은 18세 미만의 모든 사람이 부모의 사회적 신분이나 재산, 출생 지역에 따른 어떤 차별도 받지 않고 자라나야 한다고 명확히 규정하고 있습니다. 지금 어린이와 소년·소녀들이 경험하는 일상생활에 비춰 볼 필요가 있겠지요. 법은 또 "완전하고 조화로운 인격 발달을 위하여 안전한 가정 환경에서 행복하게 자라나야 한다"고 규정합니다. "권리 보장과 복지 증진을 위하여 이 법에 따른 보호와 지원을 받을 권리를 가진다"고 분명하게 밝힙니다.

인용한 법 조항에 이어 "행복한 삶을 누릴 수 있는 기본적인 여건을 조성하고 조화롭게 성장·발달할 수 있도록 하기 위한 경제적·사회적·정서적 지원"을 강조합니다.

아동복지법은 1961년 '아동복리법'으로 처음 제정됐습니다. 그 법은 한국전쟁으로 버려진 아동 및 빈곤 아동의 보호와 구호를 위한 탁아소 규정에 그쳤지요. 1980년대에 아동 학대 예방과 피해 아동 보호를 중심으로 법 이름을 '아동복지법'으로 고치고 이후에도 끊임없이 개정해 왔습니다. 2026년 현재 아동복지법은 기본 이념에서 밝히듯이 18세 미만 사람들의 복지와 권리를 보호하는 법으로 발전했습니다.

법에 따르면 어린이와 소년·소녀들은 어떤 차별도 받지 않고 안전한 집에서 조화로운 인격을 형성해 가는 행복한 삶을 살고 있어야 합니다. 법률 조항과 현실이 일치하지 않는다고 생각한다면 무엇이 문제일까요. 법에 따라 정책을 집행할 정부의 잘잘못을 따질 수 있습니다. 아동을 학대하거나 존중하지 않는 위법이나 불법적 현실에 사법부는 무엇을 했는지 물을 수도 있고요. 행정부가 책임을 다하지 않아도 될 만큼 법률이 얼마나 구체적인가에 대해서도 입법부를 압박할 수 있겠지요. 아동복지법 제4조는 다음과 같이 정부의 책임을 명시하고 있어 더 그렇습니다.

제4조(국가와 지방자치단체의 책무) ① 국가와 지방자치단체는 아동의 안전·건강 및 복지 증진을 위하여 아동과 그 보호자 및 가정을 지원하기 위한 정책을 수립·시행하여야 한다.

② 국가와 지방자치단체는 보호 대상 아동 및 지원 대상 아동의 권익을 증진하기 위한 정책을 수립·시행하여야 한다.

③ 국가와 지방자치단체는 아동이 태어난 가정에서 성장할 수 있도록 지원하고, 아동이 태어난 가정에서 성장할 수 없을 때에는 가정과 유사한 환경에서 성장할 수 있도록 조치하며, 아동을 가정에서 분리하여 보호할 경우에는 신속히 가정으로 복귀할 수 있도록 지원하여야 한다.

④ 국가와 지방자치단체는 장애 아동의 권익을 보호하기 위하여 필요한 시책을 강구하여야 한다.

⑤ 국가와 지방자치단체는 아동이 자신 또는 부모의 성별, 연령, 종
교, 사회적 신분, 재산, 장애 유무, 출생 지역 또는 인종 등에 따른
어떠한 종류의 차별도 받지 아니하도록 필요한 시책을 강구하여야
한다.

18세 미만의 권리를 담은 법률은 입법·행정·사법부로 나눠진 국가 권력 기관이 개개인의 삶에 어떤 영향을 끼칠 수 있는지를 새삼 깨닫게 합니다. 민주적인 법치국가에서 법의 의미는 국가 구성원들을 통제하는 데 목적이 있지 않거든요. 국가를 구성하는 모든 개개인의 삶이 행복하도록 법을 만들고 집행하고 지켜주어야 합니다. 그것이 법치국가에서 법의 참뜻이지요. 국가 기관이 서로 견제하는 삼권분립의 참뜻이기도 합니다.

대통령제와 의원내각제,
무엇이 좋을까

　법치국가에서 국민의 일상생활과 가장 가까운 국가 기관은 아무래도 행정부입니다. 행정부^{정부}를 구성하는 두 가지 제도가 있는데요. 대통령제와 의원내각제이지요. 대통령제는 미국이 독립하며 처음 만들어 낸 정부 형태로서 많은 나라가 미국의 정치 제도를 모방하고 있어요. 한국의 유권자들에게도 대통령제는 익숙한 제도입니다.

　대통령제에서는 대통령을 수반으로 한 행정부와 입법부인 국회의 경계선이 또렷합니다. 국민이 직접 선출한 대통령이 총리와 장관을 임명해서 내각을 구성하죠. 대통령은 행정 수반은 물론 국가 원수로서 군의 최고 통수권자입니다. 대통령과 정부는 헌법에 정해진 임기를 보장받아요. 대통령 선거에 당선되어 취임할 때부터 임기 말까지 막강한 권한을 지닙니다.

　의원내각제에서 행정부는 의회에서 선출된 내각이 맡습니다. 행정부의 수반인 총리^{수상}도 의회에서 선출되므로, 내각이 의회에 정치적 책임을 지는 정치 제도이지요. 대통령제에서는 입법부를 국회라 부르고 의원내각제에선 의회라 부르는데 관습일 뿐 서로 섞어서 사용해도 됩니다. 의회는 '정부 불신임권'을 갖고 있어요. 의회가 신임하지 않으면 정부의 내각은 총사퇴해야 합니다. 하지만 내각도 의회에 맞설 권한을 갖고 있지요. 의회 해산권입니다.

　정부가 의회로부터 불신임을 받을 상황에 이를 때 총리의 판단이 중요하겠지요. 가장 유리한 시점에 의회를 해산해서 유권자인 국민에게 직접 신임을 묻는 총선거를 실시합니다. 만약 총리가 속한 정당이 총선에서 다시 과반 의석을 확보하면 계속 집권할 수 있지요. 그렇지 못할 때는 정부가 바뀌게 됩니다. 한국은 대통령제로 이어져 왔지만 1960년 4월 혁명이 일어나고 내각책임제로 개헌했습니다. 하지만 민주당이 집권했던 의원내각제는 1961년 5월 군사 쿠데타로 1년도 실행을 못 하고 무너졌어요.

　정부를 구성하는 두 제도는 장단점이 있습니다. 대통령제의

장점으로는 정국의 안정과 정책의 지속성을 꼽습니다. 헌법을
위반하지 않는 한 대통령의 임기가 보장되기에 안정적이고 지
속적으로 정책을 추진할 수 있어요. 행정부와 입법부가 별개인
만큼 국회에서 다수결로 배제된 소수 정당의 정책도 대통령이
의지만 있다면 얼마든지 수용할 수 있습니다. 하지만 대통령의
권한이 강력한 만큼 독재로 흐를 가능성이 있지요. 대통령 선거

에서 이긴 정당과 국회의원을 뽑는 총선에 다수가 된 정당이 일치하지 않을 경우에는 정부와 국회 사이에 갈등이 커질 수밖에 없으며 대통령제의 장점인 정국의 안정도 이룰 수 없게 됩니다.

의원내각제의 장점은 행정부와 입법부가 긴밀한 관계이기에 유권자인 국민의 요구에 민감하게 반응함으로써 국정이 효율적일 수 있다는 점을 꼽습니다. 입법부와 행정부는 법적으로 분리되어 독립되어 있지만 정치적으로는 두 기관이 밀접한 관계를 이어 갑니다. 정부가 의원들로 구성되기 때문에 각료^{장관}와 의원의 겸직이 가능하며 당연히 정부도 법률안 제출권을 갖죠. 장관^{각료}이 의회에 출석해서 자유롭게 발언할 수 있습니다. 의원내각제에서도 대통령은 있지만 국가 원수로서 상징적이고 의례적인 권한만 지닐 뿐입니다. 왕정을 유지하는 나라에선 대통령을 따로 뽑지 않지요. 행정부의 수반인 총리의 지위가 의회 구성에 따라 달라지므로 독재를 방지할 수 있는 것도 장점입니다.

하지만 의회에서 언제든 정부를 바꿀 수 있는 제도이기에 정쟁이 격화될 수 있습니다. 더구나 의회에서 여러 정당이 난립해 의석을 나눠 가질 때 정국은 불안정해질 수밖에 없지요. 어느 정당도 과반 의석을 확보하지 못하면 다른 정당과 연립 정부를 구성해야 하거든요. 서너 정당이 연립한 정부가 될 때 내각 구성을 둘러싸고 혼란이 더해질 수 있습니다.

삼권분립의 원칙은 대통령제에서 더 명확합니다. 의원내각제는 입법부와 행정부가 밀접한 관계를 맺고 있어 경계가 대통령제만큼 또렷하지 않습니다. 하지만 의회는 내각 불신임 결의권이 있고, 내각은 의회 해산권을 갖고 있어 입법부와 행정부 사이에 견제는 충분히 이뤄집니다.

1987년 6월 민주 항쟁으로 개정된 한국의 헌법은 대통령제이지만 의원내각제 성격을 적잖게 반영했습니다. 국회의원이 내각에 들어가 장관을 겸직할 수 있고 정부가 법률안을 제출할 수도 있어요. 국무총리도 두고 있습니다. 대통령제인 미국에는 국무총리가 없고 부통령이 있지요.

두 정치 제도 가운데 무엇이 좋은가는 쉽게 판단 내릴 수 없습니다. 대통령제에서 많은 문제점을 경험한 한국의 유권자들 가운데 의원내각제에 끌리는 사람들이 적잖은데요. 하지만 의원내각제 국가 가운데 정책 중심의 토론을 통해 복지국가를 일궈 온 나라들이 있는 반면에 특정 정당이 계속 다수당으로 장기 집권하거나 정국이 불안정한 나라들도 있으니까요. 전자는 북유럽 국가들, 후자는 일본이 대표적입니다. 따라서 제도 자체보다 주권자들이 얼마나 민주주의 의식을 지니고 있는지가 중요하겠지요. 주권자인 유권자들의 민주주의 의식이 낮을 때는 두 제도 모두 1인 또는 1당의 독재로 흐를 수 있거든요.

　정부 구성에 두 제도가 있지만 현대 국가에서 행정부의 권한이 갈수록 커지고 있는 것은 공통된 현상입니다. 대통령제 국가에선 그 현상이 더욱 도드라집니다. 이를 '행정부 비대화' 현상이라고 해요. 정부의 권한이 커진 이유는 조금만 생각해 보아도 알 수 있습니다. 국가 권력이 실제로 작동할 때 법의 집행을 맡고 있는 행정부가 일차적인 힘을 지니게 되거든요. 무엇보다 법 집행을 위한 강제력을 갖고 있으니까요. 바로 경찰과 군이지요. 정치학에선 경찰과 군을 국가의 '합법적 폭력 기구'로 정의해요. 일반적인 폭력은 불법이지만, 경찰이 불법을 저지른 범죄자를 체포하거나 힘으로 제압하는 행동, 군이 국토를 침략한 나라의 군인들을 살상하는 행위 모두 합법이기 때문이지요. 더구나 정부가 정보 기관을 만들어서 국민을 감시한다면, 행정부의 권력은 더욱 강력해질 수밖에 없습니다.

절대적 권력의
절대적 필연은?

디딤돌

삼권분립이 보편적인 민주주의 제도로 정착된 뒤에도 지구촌 곳곳에서 독재 권력이 나타나고 있습니다. 의원내각제에선 일본의 자민당**자유민주당**이 총리를 바꿔 가며 장기 집권을 해 오고 있지요. 대통령제에서 독재의 가까운 사례로는 이승만과 박정희 독재를 들 수 있어요.

대한민국의 초대 대통령 이승만은 권력을 놓치 않으려고 헌법을 몇 차례나 바꿔 가며 12년에 걸쳐 집권했습니다. 1961년 5월에 군사 쿠데타로 집권한 대통령 박정희도 헌법을 바꿔 가며 18년이나 권력을 쥐고 있었지요. 이승만과 박정희 정부 시기에 입법부와 사법부는 정부를 견제하기는커녕 독재를 뒷받침해 주면서 정권의 '시녀'로 전락했다는 비판을 받았습니다. 삼권분립이 헌법에 들어 있다고 우리가 안심할 수 없는 이유입니다.

영국 정치학자 브라이언 클라스**Brian Klaas**는 세계 여러 나라의 최

고위 정치인들을 직접 인터뷰한 자료를 바탕으로 흥미로운 연구 결과를 내놓았는데요. 모든 사람이 권력을 추구하지는 않지만, 특정 유형의 사람들은 권력을 탐하고 자신을 위해 권력을 손에 넣으려 애를 쓴다는 것입니다. 권력을 추구하는 유형의 사람들은 다른 사람을 지배하려는 높은 공격성과 자기도취·권위주의·권모술수 성향을 지니며, 심지어 그들의 침에서도 테스토스테론 **공격적 남성 호르몬** 수치가 높게 나온다지요. 그런 사람들이 권력을 갖게 되면 더 이기적이고 위선적이 되며 동정심 없이 힘을 남용한다는 경고는 새겨 볼 만합니다.

그래서 정치를 연구하는 학계나 실제 정계에서 영국의 역사가 존 액턴^{John Dalberg-Acton}의 경고가 금언처럼 받아들여집니다. "절대 권력은 절대 부패한다"가 그것이지요. 견제가 없으니까 권력자 마음대로 권력을 휘두르게 된다는 건데요. 세계 정치사가 증언하듯이 절대적인 권력의 몰락은 절대적인 필연입니다. 권력을 쥔 사람들이 가장 많이 망각하는 금언이기도 합니다.

4

경제와 정당은 무슨 관계일까

Democracy

자본주의와 민주주의는
근대의 두 얼굴

흔히 정치와 경제를 서로 다른 영역으로 생각하는데요. 정치가 경제에 간섭하면 안 된다는 주장이 신문과 방송에도 자주 나옵니다. 하지만 역사적 사실은 전혀 다릅니다. 민주주의는 탄생부터 정치와 경제가 아주 밀접한 관계였거든요.

중세 유럽의 왕국들은 중앙집권 체제가 느슨해서 새로운 시대를 열 수 있었다는 사실을 앞서 살펴보았지요. 토지와 농업에 기반을 둔 중세 질서의 틈새에서 상인이나 수공업자들이 활발하게 움직이기 시작합니다. 유럽의 상인과 수공업자들은 더 많은 돈을 벌기 위해 항해에 나섰습니다. 왕들도 더 많은 세금을 거두려고 지원해 주었어요. 이윽고 아메리카 대륙에 들어가 금과 은을 대량으로 탈취해 왔지요. 심지어 선주민들을 노예로 사고팔았어요. 상공인들의 경제력은 빠르게 불어났고 그만큼 유럽의 왕국들도 강성해 갔습니다.

상공인들은 자신들의 세금이 없으면 왕국이 유지되기 어려운 수준에 이르자 왕족과 귀족들이 독점해 온 정치에 참여를 요구하고 나섭니다. 시민혁명이 일어난 배경입니다. 3대 시민혁명 모두에서 세금 문제가 중시된 이유가 여기에 있는 거죠.

경제력을 갖춘 상공업자들이 없었다면 민주주의를 탄생시킨 시민혁명은 17~18세기에 일어나기 어려웠습니다. 민주주의와 자본주의는 그렇게 거의 동시에 탄생했습니다. 근대 역사를 서술하는 모든 역사가들의 공통된 인식입니다. 21세기 현재에도 민주주의 국가들은 자본주의 시장경제에 기반하고 있어요. 자본주의는 말 그대로 상공업의 자본^{capital}이 중심인 사회인데요. 많은 돈^{자본}을 가진 상공업자^{자본가}가 원료나 기계를 구입하고 공장이나 사무실에서 일할 노동인들을 고용해 시장에서 팔 상품을 생산하는 경제 체제입니다.

시민혁명을 거쳐 산업혁명이 일어나면서 유럽 국가들의 경제력은 처음으로 동아시아 왕국들의 경제력을 앞서게 됩니다. 영국에서 산업혁명이 일어나자 유럽 여러 나라들이 경쟁적으로 '따라잡기'에 나섰거든요. 증기기관은 면직물 공업을 비롯해 제철·석탄·기계 공업에도 이용되며 공업 발달을 이끌었습니다. 관련 산업들은 서로 영향을 주며 빠르게 성장해 갔지요. 더 많은 돈을 벌고 싶은 상공인들의 욕망으로 산업혁명은 온 유럽과 미국으로 퍼져 갔습니다.

하지만 경제 성장에 그림자는 짙었어요. 산업혁명이 처음 일어난 영국 사회에서 가난과 병으로 고통받는 민중들이 크게 늘어났습니다. 물론 기계를 도입한 상공인들은 분업과 대량생산을 통해 생산력을 나날이 높여 가며 엄청난 돈을 벌었습니다. 으리으리한 저택에서 호화롭게 살았지요. 하지만 대다수 민중의 삶은 정반대였습니다. 산업화 물결에 농경지를 잃어버린 농민들—중세 농노의 후손들—과 기계공업의 등장으로 일감이 사라진 수공업자들의 삶이 가장 먼저 위협받았습니다. 땅을 잃은 농민들은 먹고살기 위해 도시로 들어갔지요. 경제가 성장할수록 상공인들이 고용한 사람들도 크게 늘어났습니다. 바로 노동자 또는 노동인들입니다.

산업혁명이 전개될수록 노동인들의 숫자는 급증했습니다. 아무리 기계화가 이뤄졌더라도 사람의 손을 거치지 않고는 그 어떤 것도 최종 생산에 이르지 못하기 때문이지요. 자본가로 불리게 된 상공인들은 더 많은 돈을 벌기 위해 노동 시간을 늘리면서도 임금은 가능한 적게 주었습니다. 19세기 중반 유럽에서 노

산업혁명기의 아동 노동은 20세기에 들어서도 여전했다.
미국 사회학자이자 사진가인 루이스 하인이
1901년에 석탄 광산에서 찍은 소년·소녀 광부들.

동인들의 평균 노동 시간은 하루 12시간이었습니다. 한 사람의 임금만으로는 가족이 살아갈 수 없었기에 여성과 아이들도 노동을 해야 했습니다. 지금은 유치원에 다닐 나이인 네 살 아이들까지 일을 했지요. 1830년대 런던에서 치러지는 장례식의 절반이 열 살 이하 어린이들이었어요. 시커먼 연기가 나오는 공장의 굴뚝을 청소하며 집이 없어 거리에서 잠자거나 탄광 깊은 굴에서 하루 종일 석탄을 캤습니다.

사람답게 살고 싶은 노동인들은 힘을 모아 자신들의 이익을 대변하는 노동조합을 결성했습니다. 하지만 그들을 고용한 사람들의 적대감으로 많은 시련을 겪었습니다. 자본가들, 그리고 그들이 중심이 된 국가 권력이 노동조합을 불법화했거든요.

노동조합은 노동인들의 장시간 노동과 낮은 임금, 열악한 노동 조건을 개선하기 위해 노력했습니다. 나아가 노동인들의 참정권을 획득하는 투쟁에도 나섰습니다. 투표권과 평등을 요구하며 거리로 나선 노동인들은 시가전 속에 학살당했고, 살아남은 사람들은 재판에 회부되어 처형당했습니다. 노동인들은 상공인들이 시키는 대로 일만 하라는 무서운 경고였지요.

하지만 학살과 사형 집행을 서슴지 않는 탄압 앞에서도 노동인들의 싸움은 멈추지 않았습니다. 상공업이 아니라 사람, 돈이 아니라 행복을 더 중시하는 사회를 실현하고자 인생을 바친 사람들이 늘어나기 시작했지요. 그들의 줄기찬 투쟁으로 마침내 1871년에 영국에서 '노동조합법'이 제정됩니다. 20세기 초에는 프랑스와 독일에서 노동조합이 확실한 지위를 차지하고 활동할 수 있었지요. 한국에서는 1987년 6월 민주 항쟁과 노동인 대투쟁을 거치고 나서야 자유롭게 노동조합을 결성할 수 있었습니다.

지구촌의 민주주의 역사를 돌아보면 이미 선거권 확대 과정

미국 노동절의 기원인 1882년 9월 5일 뉴욕 노동인 행진을 담은 삽화.

에서 확인했듯이 자본주의 사회에서 민주주의를 일궈 내려는 사람들의 열정이 쉼 없이 이어져 왔음을 새삼 발견할 수 있습니다. 자본주의와 민주주의는 근대 사회의 두 얼굴입니다. 세계사적으로 보면 '동급생'이라 할 수도 있어요. 다만 성격이나 꿈은 아주 다른 동급생입니다.

자본주의 발달과
보수 정당들

민주주의 전개와 자본주의 경제 성장 과정에서 정당은 중요한 활동을 합니다. 민주주의 국가에서 권력 기관과 국민 사이를 잇는 다리가 정당이거든요.

그래서 정치학자들은 정당political parties을 '현대 정치의 생명'으로 꼽습니다. 정당이 없는 현대 민주주의는 생각할 수 없다는 거죠. 정당은 공통의 가치에 합의하여 정치 권력의 획득과 유지를 목적으로 하는 여러 사람들의 집합체입니다. 국어사전에서도 "정치에 대한 이념이나 정책이 일치하는 사람들이 정치적 이상을 실현하기 위하여 조직하는 단체"로 풀이하지요. 한국의 정당법은 제2조에서 정당을 "국민의 이익을 위하여 책임 있는 정치적 주장이나 정책을 추진하고 공직선거의 후보자를 추천 또는 지지함으로써 국민의 정치적 의사 형성에 참여함을 목적으로 하는 국민의 자발적 조직"으로 정의해요. 그러니까 정당은 시민운동 단체나 노동운동 단체와 확연히 다릅니다. 정치 권력 획득이 주된 목적이거든요.

정당이 집권해서 실현하려는 정치적 이상의 큰 줄기를 강령 또는 정강이라고 합니다. 강령이나 정강을 달성할 정치적 수단이 정책입니다. 대통령 선거나 국회의원 선거를 앞둔 정당들은 주어진 임기 안에 추진할 정책을 제시합니다. 선거 공약이지요. 국민유권자들은 투표할 때 선거에 나온 사람들의 공약을 비교해서 선택을 합니다. 그래서 선거를 민주주의의 꽃이라고 합니다.

자본주의가 발달하면서 노사 갈등만이 아니라 부익부 빈익빈부자들은 점점 더 부자가 되고 가난한 사람들은 점점 더 가난해짐의 커지는 격차, 실업 문제, 환경 오염과 같은 여러 사회 문제들이 발생합니다. 자본주의와 민주주의가 근대사회의 두 얼굴로 얽혀 있지만 서로 추구하는 방향이 달라 불거진 문제들이지요. 그 문제들을 해결하는 과정에서 정당이 중요하게 떠오릅니다.

국가 안팎의 여러 문제들을 어떻게 해결할 것인가를 중심으로 정당들의 강령과 정강, 정책에 차이가 나타납니다. 19세기에 유럽과 미국에서 나타난 극심한 부익부 빈익빈 앞에서 정당들은 여러 갈래로 나눠졌습니다.

　유럽과 미국만이 아니라 실제로 여러 나라의 민주주의 역사에서 많은 정당들이 등장했는데요. 자본주의 국가의 정당들에서 공통적으로 크게 두 흐름을 발견할 수 있습니다.

　먼저 자본주의 경제를 주도하는 상공인들의 생각이나 이익을 대변하는 정당이 가장 강력하게 자리 잡았습니다. 흔히 '보수 정당'이라고 하죠. 보수주의는 국어사전 뜻 그대로 "급격한 변화를 반대하고 전통의 옹호와 현상 유지 또는 점진적 개혁을 주장하는 사고방식. 또는 그런 경향이나 태도"를 뜻합니다.

　보수 정당은 모든 것을 시장의 자유 경쟁에 맡겨야 경제가 더 성장할 수 있다고 주장합니다. 상품을 팔 더 많은 시장과 자원을 확보하기 위해 '부국강병 **나라를 부유하게 만들고 군대를 강하게 함** 정책'을 펍니다. 보수주의자들 사이에도 온건파와 강경파가 있기에 여러 갈래가 있고 정당 이름도 저마다 달라요. 영국은 아예 당 이름을 '보수당'으로 일찌감치 내걸었는데요. 나라마다 공화당, 자유당, 자유민주당 등 여러 이름으로 활동합니다. 미국 공화당의 트럼프 행정부가 전형적으로 보여 주듯이 부국강병을 추구하며 자본의 더 많은 이익을 돕는 경향은 동일합니다. 다른 나라를 침략해 식민지로 만드는 제국주의도 보수 정당들이 앞장섰고요.

그런데 자본주의 국가의 정당들에서 보수 정당과 다른 또 하나의 흐름이 있습니다. 진보 정당입니다. 진보 정당들은 모든 것을 시장의 자유 경쟁에 맡기면 부익부 빈익빈 현상이 심화되고 결국 경제도 불안정해져 개개인은 물론 나라 전체가 위기를 맞는다고 주장합니다.

진보 정당의 두 갈래
: 사회민주당과 공산당

　진보 정당에는 여러 갈래가 있는데요. 크게 두 유형으로 나눌
수 있습니다. 사회민주당과 공산당입니다. 두 유형의 정당들은
공통된 문제의식을 지녔지만 해법은 사뭇 다릅니다. 역사적 뿌
리부터 짚어 볼까요.

　'자본주의 사회에서 과연 민주주의가 가능한가'라는 근본적
문제를 던진 정당들이 19세기 유럽에서 등장했습니다. 지식인
과 노동인들 사이에 제국주의로 치달은 자본주의를 비판하고
새로운 사회를 제안하는 사회주의 사상이 출현했지요.

　초기의 사회주의 사상가들은 사람들의 협동을 통해 이상 사
회를 건설할 수 있다고 믿었습니다. 하지만 철학자 카를 마르크

스^{Karl Marx, 1818~1883}는 그들의 생각이 순진할뿐더러 공상적이라고 비판했어요. 그는 인류 역사가 '고대 노예제 사회→중세 봉건제 사회→근대 자본주의 사회'로 발전해 왔고, 각각 노예와 농노, 노동인들이 사회가 필요로 하는 모든 식량과 생필품을 생산해 왔다고 보았습니다. 왕족과 귀족들은 전혀 일하지 않고 노예와 농노들이 생산한 것을 빼앗으며 지배했다는 건데요. 그래서 노예와 농노들은 때로는 은밀하게 때로는 공공연하게 자신을 억압하는 지배자들과 싸워 왔다고 설명합니다. 마르크스가 "지금까지의 모든 사회의 역사는 계급투쟁의 역사"라고 강조한 이유입니다. 마찬가지로 자본주의 사회에서 노동인들은 일자리가 있을 때만 생존할 수 있다고 보았습니다. 그만큼 자본가의 힘이 절대적이 된다는 거죠. 개개인이 자신의 노동력을 팔아 월급^{임금}을 받는 곳이 일자리인데요. 마르크스는 자본주의 사회의 온갖 상품과 마찬가지로 개개인이 하나의 상품이 된다고 안타까워했지요. 요즘 말로는 '스펙 쌓기'와 이어집니다.

마르크스는 자본주의 사회를 넘어서려면 자본가에 대한 노동인들의 단결과 투쟁이 필요하다고 주장했습니다. 그의 철학에 공감하는 사회주의자들은 기계나 공장, 토지와 같은 생산 수단을 개인이 소유해서는 안 되고 사회 공동으로 소유해야 옳다고 보았습니다.

노동인들 사이에 마르크스 철학의 영향이 커져 가면서 영국·프랑스·독일에서 사회주의 정당이 출현했습니다. 마르크스 자신도 노동운동과 혁명운동의 국제적 연대 활동에 적극 참여했지요.

그런데 보통선거권이 확대되면서 선거를 통해 사회주의를 실현하자는 사회민주주의, 또는 민주사회주의 운동이 등장했습니다. 이미 20세기 초에 영국·프랑스·독일에서 노동조합의 지지를 받는 사회주의 정당이 정치적으로 중요한 위치를 차지했거든요. 각국의 정부들은 노동운동의 요구에 민감하게 반응하고 해결책을 다양하게 모색했습니다. 급격한 산업화가 불러온 노동인들의 열악한 작업 환경도 개선해 나갔어요. 노동 시간도 점차 단축되어 하루 10시간으로 줄어들었는데요. 투쟁의 성과에 힘입은 노동인들은 8시간 노동제를 요구하며 싸웠습니다.

한편 자본주의가 발달하지 못했던 러시아에서는 노동 계급의 혁명이 일어나 '짜르'라 불리던 왕을 쫓아내고 새로운 국가 형태로 소련소비에트 사회주의 공화국 연방을 수립했습니다. 노동 계급에 기반한 최초의 혁명으로 건설된 나라이지요. 소련은 유럽의 사회주의 정당들이 혁명 정신을 잃었다며 자신들의 정당 이름을 '공산당'으로 고쳤습니다. 그 뒤 동유럽과 중국에 공산혁명이 일어나 공산당이 집권했어요. 소련은 1980년대까지 미국과 함께 초강대국으로 국제 정치에 큰 영향을 끼쳤습니다. 하지만 1989년부터 동유럽 공산당이 무너졌고 소련도 1991년에 해체됐습니다. 21세기인 지금도 '공산당' 이름으로 집권하고 있는 나라가 있는데요. 중국과 베트남입니다. 소련과 달리 두 나라 경제는 거의 자본주의 방식을 받아들였지요. 북한**조선민주주의인민공화국**은 '조선노동당'이 분단 이후 계속 집권하고 있습니다.

한편 유럽의 사회주의 정당들은 소련과 동유럽, 중국의 공산당과 확연히 다른 사회민주주의 강령을 채택했습니다. 1951년 독일의 프랑크푸르트에서 '사회주의 인터내셔널'을 결성하며 민주사회주의 선언 또는 프랑크푸르트 선언이라고도 불리는 '민주사회주의의 목적과 임무'를 발표했어요. 이어 1962년에는 제2선언인 '오슬로 선언'을 노르웨이 수도에서 공표했지요. 두 선언은 민주주의를 인간 생활의 정치적·경제적·사회적 및 국제적 영역, 한마디로 인간 생활의 모든 영역으로 확대하자고 제안했습니다.

사회민주주의 또는 민주사회주의는 공산주의가 사회주의의 전통을 알아볼 수 없을 만큼 왜곡했다고 비판합니다. 특히 공산당원의 특권을 지적하며 그들이 새로운 계급 사회를 만들어 냈다고 선을 그었지요. 오슬로 선언은 "미래는 공산주의의 것도 자본주의의 것도 아니다"라며 '최고 형태의 민주주의'라는 새로운 미래상을 제시했습니다.

　사회민주주의는 공산주의가 자유민주주의를 부정하거나 또는 단순한 수단으로 보는 것과 달리 '자유 속에서 민주주의로 새로운 사회를 건설한다'고 다짐합니다. 사회민주주의를 가장 잘 구현한 나라는 북유럽 복지국가들입니다. 스웨덴의 사회민주당이 선구적이었죠. 유럽의 사회민주주의 정당들은 지금도 북유럽만이 아니라 독일의 사회민주당, 영국의 노동당, 프랑스의 사회당 등으로 활동하고 있습니다. 그 정당들이 집권했을 때 복지국가가 구현되었지요. 유럽을 넘어 남아메리카에서도 브라질 노동당과 칠레 사회당을 비롯한 사회민주주의 정당이 집권하거나 가장 큰 야당으로 활동하고 있습니다.

경제에도
민주주의가 가능할까?

   소련과 동유럽 공산주의 체제가 붕괴되자 자본주의에 더는 대안이 없다는 주장들이 세계적으로 퍼져 갔습니다. 그래서 경제에 민주주의가 필요하다는 이야기는 옳지 않고 모든 것을 시장의 자유에 맡겨야 한다는 말이 한층 힘을 얻었지요.

   하지만 자본주의 경제를 민주화하려는 움직임은 끊임없이 이어졌습니다. 2012년 한국의 대통령 선거에서는 보수 정당 박근혜 후보도 '경제 민주화'를 공약했습니다. 당선 뒤 경제 민주화와는 정반대 정책을 폈지만, 경제 민주화가 진보 정당만의 정책이 아님을 알 수 있었지요.

   현대 경제학에는 자본주의에 하나의 단일한 모델만 있지 않다는 '자본주의 다양성 이론Varieties of Capitalism, VOC'이 있습니다. 다양한 자본주의 모델에 여러 분류법이 있지만 간명하게 '자유시장경제'와 '사회적 시장경제'로 나눌 수 있어요. 자유시장경제의 대표적 모델은 미국 경제입니다. 사회적 시장경제는 독일**네덜란드·벨기에· 오스트리아·스위스** 모델과 스웨덴**노르웨이·핀란드·덴마크** 모델로 나뉩니다. 자유시장경제는 '주주 자본주의', 사회적 시장경제는 '참여 자본주의'로 불리기도 합니다.

사회적 시장경제로 자본주의 개혁에 가장 앞장 선 나라들이 북유럽입니다. 스웨덴, 노르웨이, 핀란드, 덴마크는 일찌감치 사회적 복지국가를 목표로 내세웠거든요. 자유시장경제보다 사회적 시장경제가 민주주의에 더 친화적입니다.

스웨덴 경제철학자 에른스트 비그포르스**Ernst Wigforss, 1881~1977**는 경제 민주화를 '잠정적 유토피아'로 제시했습니다. 잠정적 유토피아는 '유토피아를 꿈꾸되 현실에서 실현 가능한 최선의 방법'을 찾는다는 개념입니다. 민주주의와 경제의 바람직한 결합은 앞으로도 끊임없이 이어지겠지요. 흥미롭게도 2025년 11월에 미국은 물론 세계 자본주의의 중심인 뉴욕의 시장 선거에서 자신이 '민주사회주의자' 임을 당당하게 밝힌 후보가 당선되었습니다.

에른스트 비그포르스

5 극우는 왜 혐오와 차별에 앞장설까

Democracy

극우 세력의 뿌리는
제국주의

극우는 나와 무관하다고 생각한다면 차분히 스스로를 짚어 보세요. 혹시 흑인이나 동남아시아인들은 낮춰 보고 백인은 높여 보고 있지 않은지요. 만일 그렇다면 명백한 인종 차별, 국가 차별이거든요. 인종적, 민족적, 국가적 우월감과 차별은 극우로 가는 길목에서 보이는 현상입니다.

인종이나 국가 차별은 자본주의 탄생부터 확연히 나타났습니다. 유럽의 백인들이 아메리카와 아프리카의 민중들을 노예로 삼고 금과 은을 비롯한 지하 자원들을 마구 채굴해 가면서 자본주의가 싹을 틔웠거든요. 자본주의 국가들은 경제 성장을 이룰수록 더 많은 원료, 더 넓은 시장이 필요해 식민지 개척에 앞

다퉈 나섰어요. 남의 나라를 침략해 자원을 약탈하고 상품을 만들어 팔며 이익을 더 많이 챙겼지요. 가령 1876년에 아프리카에서 유럽이 지배하는 땅은 10퍼센트도 안 됐는데요. 1900년에는 아프리카 땅의 90퍼센트 이상이 유럽 식민지였어요.

군사력을 앞세워 다른 나라를 식민지로 삼은 자본주의 국가들의 침략이 바로 제국주의의 핵심입니다. 제국주의는 백인종이 우월하고 황인종이나 흑인종은 미개하다는 인종적 우월감으로 이어지며 강대국 지배를 정당화했습니다.

제국주의로 치달은 유럽 여러 나라들의 '국민'들은 식민지 확장이 국내의 빈곤이나 실업과 같은 절박한 문제를 해결해 줄뿐만 아니라 국가의 명예를 높이는 길이라고 믿으며 기꺼이 동참했습니다. 사회진화론을 내걸고 식민지를 문명화한다는 명분을 내세워 전개했기에 더 그랬지요. 다윈Charles Darwin, 1809~1882의 진화론을 '경쟁을 통해 가장 우월한 종만이 살아남는다'는 식으로 왜곡해서 인간 사회에 적용하려는 사람들이 사회진화론자들인데요. 그들은 인류 또한 생존 경쟁에서 가장 우월한 민족이 선택받기 마련이라고 주장했지요.

영국의 허버트 스펜서Herbert Spencer, 1820~1903가 대표적 학자입니다. 영국의 제국주의적 침략이 정점인 시대에 살았던 그는 인간 사회는 적자생존에 따라 경쟁에서 이기는 자가 살아남는다고 주장했습니다. 역사적으로 약자는 도태되고 그들의 문화는 영향력을 잃기 마련이며, 강자는 더 강력해지고 문화적 영향력이 커진다고 보았지요.

제국주의자들은 사회진화론을 자신들의 침략을 정당화하는 데 이용했습니다. 백인은 우월한 인종이고, 황인이나 흑인은 미개하며 열등한 인종이라는 인종주의를 합리화했지요. 자연 생태계와 마찬가지로 인간 사회도 적자생존, 우승 열패의 원리

허버트 스펜서

가 '과학적 법칙'이라고 단언했습니다. 사회진화론자들은 불평등 또한 개개인의 우월함과 열등함의 자연적인 차이에서 비롯되었다고 강조했어요.

따라서 가난한 자는 '도태된 자'이기 때문에 도움을 주어서는 안 되며, 생존 경쟁에서 재산은 성공의 상징이라고 주장했습니다. 그래서 국가가 개입해 사회를 개혁하는 시도는 자연적 과정을 방해하는 것이라고 규탄합니다.

19세기 말 서둘러 제국주의 대열에 합류한 일본은 사회진화

론을 적극 받아들였습니다. 사회진화론을 다룬 일본인들의 번역서와 저서가 1900년대 조선에도 소개되기 시작했지요. 개화파 유길준이 쓴『서유견문西遊見聞』에서 그 영향을 발견할 수 있는데요. 유길준은 사회진화론 관점에서 미개·반개화·개화라는 3단계 발전의 문명관을 제시했습니다. 당시 약육강식하는 제국주의 열강들의 침략을 목격하고 위기감을 느끼고 있던 조선의 지식인들은 사회진화론을 이른바 '선진' 정치사상으로 선뜻 받아들였는데요. 제국주의 침략을 받고 있던 현실에서 약자는 강자의 침탈을 받는 것이 당연하다는 인식이 퍼져 갔지요. 친일파들이 형성된 배경입니다. 일본은 유럽 제국주의 국가들로부터 배운 수법으로 과거 그들에게 문명을 전해 주었던 이웃 나라 한국을 식민지로 삼았습니다.

흔히 사회진화론과 다윈의 진화론은 사회와 자연이라는 대상만 다를 뿐 동일한 이론이라고 주장하는 사람들도 많지만 사실과 다름을 분명히 인식할 필요가 있습니다.

다윈의 진화론은 주어진 환경에 적합한 특징을 가진 개체가 살아남는 것을 진화의 과정이라고 보거든요. 따라서 진화는 목적이 없고 우열의 문제도 결코 아닙니다. 반면에 사회진화론은 경쟁을 통해 우월한 특징을 가진 개체가 더 번성하는 것이 진화이며 자연의 목적이라고 주장합니다. 다윈의 진화론과는 차이가 크고 무엇보다 과학적으로 사실이 아닙니다. 제국주의가 그렇듯이 민주주의를 위협하고 파괴하므로 우리 모두가 경계해야 합니다.

유럽 극우와 다른 한국의
이상한 극우

극우의 대명사는 단연 아돌프 히틀러^{Adolf Hitler, 1889~1945}입니다. 그는 독일 민족이 세계에서 가장 우수하기에 다른 민족을 지배해야 옳다며 제2차 세계대전을 일으킨 전범이지요. 유대인 대학살도 민족적 우월감에서 빚어진 혐오였습니다.

끔찍한 교훈을 얻은 독일은 민주주의 정부 아래서 히틀러 나치즘과 극우 세력 청산에 힘써 왔습니다. 그럼에도 21세기 들어 독일과 이탈리아를 비롯해 유럽 여러 나라에서 극우 정당이 다시 커져 가고 있는데요. 이주 노동인과 난민 들이 늘어나자 과거의 혐오와 인종 차별이 되살아난 거죠. 흑인에 대한 경찰의 살인적 폭행이 종종 일어나는 미국에서도 트럼프가 대통령에 취임한 뒤 대대적인 이민자 색출과 추방에 나섰습니다.

혐오와 차별은 모든 사람의 존엄성에 기초한 민주주의를 우리의 일상에서부터 위협합니다. 유럽의 프로축구를 예로 들어 볼까요. 유럽인들이 열광하는 운동 경기지요. 하지만 경기장에서 백인 관중이 남아메리카나 아프리카, 아시아 출신 선수를 "원숭이"라고 조롱하며 바나나를 던지는 인종 차별이 종종 일어납니다. 심지어 2023년 1월에 아틀레티코 마드리드 응원단은 검은 인형에 유색 인종 선수의 유니폼을 입혀 목을 매달았지요. 그해 5월에도 레알 마드리드 공격수가 경기 중에 인종 차별을 당했어요. 발렌시아와의 원정 경기에서 관중들이 "원숭이"에 이어 "죽어라"를 외쳐댔어요. 다행히 스페인 경찰은 당시 경기장에서 인종 차별을 한 3명을 체포했고, 스페인축구협회는 발렌시아 구단에 벌금을 물렸습니다. 먼 나라 이야기만이 아니죠. 2022년 8월 첼시와 토트넘의 경기에서 코너킥을 차기 위해 이동하는 손흥민 선수를 향해 한 관중이 눈을 찢는 행위를 했어요.

제국주의의 흔적은 일본에서도 찾을 수 있습니다. 대표적으로 일본 극우 단체의 혐한 시위를 들 수 있지요. 심지어 한국인이 일본에 있으면서 '특권'을 누리는 것을 용납하지 않겠다는 '재일 특권을 용납하지 않는 시민회^{재특회}'라는 단체도 있습니다.

이 단체는 재일 동포들이 많이 살고 있는 오사카의 코리아타운에서 시위를 벌였는데요. 한 일본 여중생이 "저는 한국인이 미워서 견딜 수가 없어요. 정말 죽여 버리고 싶어요"라고 소리치고 "거만하게 군다면 대학살을 일으킬 거예요"라고 외치자 모인 사람들은 "옳소!"라며 환호했습니다. 그 영상이 한·일 두 나라의 인터넷에서 파장을 일으켰지요.

몇몇 사례에서 보았듯이 인간에 대한 혐오와 차별은 민주주의를 파괴한 제국주의 유산을 물려받은 나라에서 많이 나타납니다. 유럽과 미국의 극우 백인들이 이주민들에게 저지르는 혐오와 차별은 조금만 생각해도 터무니없습니다. 지금 유럽과 미국의 경제가 발전한 것은 식민지에서 금과 은을 비롯해 수많은 자원을 약탈해 갔기 때문이거든요.

일본의 극우는 한국인을 비하합니다. 2025년 일본 총리가 된 다카이치는 3년 전에 공개 석상에서 '우리가 똑바로 안 하니 한국이 버릇 없이 기어오른다'고 거침없이 주장한 극우 정치인이죠.

그래서 더더욱 대한민국에서 일어나는 '극우 현상'을 이해할 수 없습니다. 한국은 제국주의 국가가 아니라 오히려 그 피해국이었거든요. 1인당 국민소득이 3만 달러 이상이면서 인구가 5000만 명 이상인 나라들을 '30-50클럽'이라고 하는데요. 미

헌법재판소가 2025년 4월 4일 '대통령(윤석열) 탄핵심판 사건'에 대해
재판관 전원의 일치된 의견으로 인용 결정을 내렸다.

국, 일본, 영국, 독일, 프랑스, 이탈리아, 대한민국으로 일곱 나
라뿐입니다. 그 가운데 제국주의로 다른 민족을 착취하지 않은
나라가 유일하게 대한민국이지요. 자랑스러워할 만합니다.

그런데 대한민국에서 외국인들에 대한 혐오 시위가 버젓이
벌어지고 있습니다. 2025년 들어 더 심해졌는데요. 극우 단체들
이 서울 한복판에서 "짱깨는 돌아가라"라는 팻말을 들고 시위
를 벌였습니다. 주한 중국대사관 앞에서도 중국인을 혐오하는

5

노래를 부르며 '부정 선거 개입' 같은 허위 사실을 계속 외쳤지요. 중국 국적을 지닌 조선족들에 대한 비하도 여전합니다. 이상하지 않나요? 극우는 자기 민족을 가장 우월하다고 주장하는데 일제 강점기에 중국으로 망명한 독립운동가들의 후손이 많은 조선족을 비하하다니요.

이상한 극우의 모습은 또 있습니다. 2024년 12월에 윤석열이 헌법과 법률을 위반하며 비상계엄령을 선포해 탄핵에 이어 파면될 때까지 그를 내내 지지하고 옹호한 사람들이 거리로 나왔지요. 그런데 그들이 태극기와 함께 미국 국기^{성조기}를 흔드는 모습은 어떤가요. 자기 민족, 자기 국가에 대한 우월감으로 가득한 유럽과 미국의 극우와는 사뭇 다른 풍경입니다. 심지어 일본 제국주의 군대에 성 노예로 끌려간 사람들에 대해서도 거침없이 욕설을 퍼붓는 극우는 사실 '극우'라고 부르기조차 민망하지요.

사회 불평등과
빗나간 혐오

중국을 혐오하는 시위에 나선 사람들의 팻말에는 "천멸중공
天滅中共, 하늘이 중국 공산당을 멸하리라"도 있었습니다. 한국에서 일어나
는 혐중 시위를 중국인들도 모르지 않겠지요. 중국인들 사이에
한국인을 '빵즈**몽둥이**'로 혐오하는 말이 퍼지고 있습니다. '몽둥
이로 맞아야 할 한국 놈들'이라는 의미인데요. 혐오가 혐오를
부추기는 대표적 사례이죠.

중국은 한국 경제의 수출입에서 차지하는 비중이 1위인 나라
입니다. 중국인을 혐오하고 더 나아가 '국교 단절'을 외치는 극
우를 어떻게 보아야 할까요. 한국인을 혐오하며 국교 단절을 요
구하는 일본의 극우를 닮아 가는 걸까요.

그렇다면 왜 21세기 들어 세계적으로 혐오와 차별이 급증하고 있을까요. 전문가들은 한목소리로 가장 큰 원인을 사회 불평등으로 분석합니다. 소련의 공산주의 모델이 무너지자 1990년대부터 모든 것을 시장에 맡기자는 미국의 자본주의 모델이 힘을 얻었거든요. 그 결과 지구촌의 거의 모든 지역에서 부익부 빈익빈 현상이 나타나고 있어요.

사회 불평등이 빠르게 커져 가자 좌절감이나 불안감에 사로잡힌 사람들이 늘어나는데요. 그들은 자신의 삶이 불안하고 불행한 원인을 아주 단순하게 풀이하는 이야기에 솔깃하게 됩니다. 혐오 대상을 특정해서 자신의 불안감과 좌절감에서 벗어나려는 거죠. 그 효과는 일시적이지만, 바로 그렇기에 다시 혐오하며 점점 강도를 높이기도 해요. 누군가를 '희생양' 또는 '탈출구'로 삼아 위안을 얻는 셈이죠.

일본의 혐한 시위도 장기적인 경기 침체와 정치 불신 속에서 퍼졌거든요. 유럽의 극우들도 경제 위기로 실업자들이 늘어나면서 세력화하고 있습니다. 미국에서 트럼프 대통령을 지지하는 극우 유권자들 가운데 가난한 백인들이 많아요. 유럽과 미국의 극우 세력은 이민자들이 자신들의 일자리를 빼앗아 생활이 어렵게 됐다고 믿는 거죠. 하지만 그 모든 나라들에서 자본은 천문학적인 이익을 올리고 있습니다. 트럼프도 대통령을 하면서

2017년 8월 12일 미국 샬러츠빌에서 열린 '우익 연합' 집회.

재산이 크게 늘어났습니다. 그러면서 경제적 고통을 받는 국민
들에게 그 원인을 이주 노동인들에게 돌립니다.

　한국 사회에서 혐오와 증오가 늘어나는 까닭도 젊은 세대가
'삼포 세대'로 불리는 세태와 연관되어 있습니다. 경제적 어려
움 또는 부담으로 연애, 결혼, 출산을 포기하는 세대라는 뜻이
지요. 물론 한국의 모든 젊은 세대가 그렇지는 않습니다. 부유
한 집안의 젊은 세대는 자유롭게 연애하고 결혼하거든요.

미래가 불투명하기에 연애를 꺼리게 된 젊은 세대 사이에서는 제법 오래전부터 남녀가 서로 혐오하는 말을 인터넷에 쏟아냈습니다. '한남'이나 '김치녀' 들이 그런 말이지요. 취업이 어려워진 젊은이들은 취업한 사람들에 적대감을 가집니다. 실업자와 취업자 사이에 오가는 혐오, 비정규직과 정규직이 주고받는 혐오, 공무원은 정년이 보장된다며 '철밥통'으로 조롱하는 언행들이 모두 그런 현상들이지요.

　　일하는 사람들이 서로 혐오하며 갈라져 있으면 누가 이익을 얻을까요. 노동인들을 고용하는 사람들이겠지요. 취업 경쟁이 심해지니까 값싼 임금으로 고용할 수 있고 사장^{자본} 마음대로 부릴 수 있을 테니까요.

　　권력을 쥔 사람들도 국민들이 갈라져 있으면 편합니다. 그래서 지역 사이에 갈등을 조장하며 특정 지역에 사는 사람들을 혐오케 하지요. 선거에서도 이용하고요. 권력의 잘못에 옳은 소리를 하는 사람들에게 '빨갱이'나 '종북 좌파'와 같은 혐오 낙인을 찍기도 합니다. 실제로 한국에서 군사 쿠데타로 집권한 박정희 정부가 18년 동안 집권하며 특정 지역에 사는 사람들을 비하하거나, 독재를 비판하는 사람들을 '빨갱이'라는 말로 몰아치며 탄압한 사례는 헤아릴 수 없을 만큼 많습니다. 정작 인간답게 살기를 바라는 사람들끼리, 똑같이 고통을 받고 있는 사람들끼리 서로를 혐오하게 만든 거죠.

　민주주의 역사를 되돌아보면 제국주의만이 아니라 독재 정권이 세계 곳곳에서 혐오와 증오를 퍼트려 왔습니다. 둘 다 민주주의를 파괴한다는 점에서도 일치하지요. 사회적 불평등으로 불안하고 불행한 사람들이 바로 그 문제를 해결하려는 사람들을 지지하기는커녕 되레 혐오하고 증오하는 거죠. 너무 엉뚱하지 않나요? 사회적 비극이고 무엇보다 스스로에게 큰 불행이지요.

가짜 뉴스와
국민 저항권의 사기꾼들

　힘을 모아 민주주의를 키켜야 할 사람들이 서로를 혐오케 하는데 가짜 뉴스가 한몫 톡톡히 하고 있습니다. 과거 히틀러를 비롯한 극우의 거짓 선동이 오늘날의 가짜 뉴스로 이어진 셈입니다. 한 극우 매체가 윤석열의 비상계엄을 편들며 보도한 2025년 1월 2일 기사를 볼까요. 중앙선거관리위원회 연수원에서 중국인 전산 조작 요원 90명이 체포되어 미국 정보 당국에 넘겨졌다고 마치 사실처럼 적었어요. 기사가 나오자마자 극우 유튜버들이 대대적으로 전파에 나섰지요. 더러는 "중국 공산당 전산 요원 수십 명이 계엄군에 의해 현행범으로 체포되었다"며 아예 '공산당의 선거 개입'이라고 자극적으로 선동했습니다. 명백한 가짜 뉴스지요.

　그로부터 보름 지나 법원이 윤석열에 대해 구속 영장을 발부하자 '서부지법 폭동'이 일어납니다. 서울 서부지법 주변에서 불법 시위를 벌이던 수백여 명의 지지자들이 '국민 저항권'을 주장하면서 법원을 습격하고 점거했어요.

　하지만 시위대가 주장한 저항권은 '가짜'입니다. 저항권^{Right of resistance}은 '국가 권력이 헌법의 기본 원리를 중대하게 침해할 때 국민이 자기의 권리, 자유를 지키기 위하여 실력으로 저항하는 권리'를 말하거든요. 따라서 느닷없이 비상계엄을 선포하고 더구나 계엄 포고령으로 집회, 언론, 출판, 결사, 정치 활동, 신체의 자유를 제한하려던 윤석열의 권력에 맞서는 것이 바로 저항권입니다. 그럼에도 윤석열과 계엄을 옹호하는 사람들이 되레 '저항권'을 외치는 건 무지이거나 사기이거나 둘 중 하나지요. 가짜 뉴스와 가짜 저항권으로 사기를 친 사람들의 공통점은 '돈' 입니다. 극우 유튜버들은 자극적인 선동으로 조회 수를 크게 늘려 돈을 벌었습니다.

6 헌법과 인권에 좌·우가 있을까

Democracy

헌법 제1조의 참뜻
정말 알고 있나

"모든 권력은 국민으로부터 나온다."

헌법 제1조에 들어 있는 말입니다. 2000년대 들어 촛불 문화제와 같은 여러 집회에서 많이 나온 말이기에 널리 알려졌지요. 심지어 헌법을 위반하며 비상계엄을 선포한 윤석열을 지지하는 집회에서도 헌법 제1조를 내걸 정도지요.

그래서 헌법 제1조의 참뜻을 우리가 얼마나 알고 있는지 차분히 짚어 볼 필요가 있어요. 그럼 대한민국 헌법 제1조를 한번 들여다볼까요.

헌법 제1조 ① 대한민국은 민주공화국이다. ② 대한민국의 주권은 국민에게 있고, 모든 권력은 국민으로부터 나온다.

제1조는 1948년 7월 17일 헌법을 제정한 이후 수차례 개정하면서도 그대로 이어왔습니다. 다만 ①항과 ②항을 1948년의 제헌 헌법은 제1조와 제2조로 나누었을 뿐 문장은 똑같습니다. 5·16 군사 쿠데타로 집권한 세력조차 제헌 헌법이 명문화한 제1조와 제2조를 무시할 수 없었지요. 그대로 살려 제1조 ①항과 ②항으로 통합했습니다. 그러니까 제헌 헌법 이래 수차례 헌법을 개정했어도 이 조항만은 변함없이 이어진 거죠.

민주주의 국가에서 헌법은 모든 법 가운데 가장 높은 법입니다. 헌법이 없는 나라는 없습니다. 법치국가에서 모든 국민이 당연히 지켜야 할 최상위 법이 헌법이지요. 민주주의는 바로 그 헌법적 가치로서 보수와 진보의 잣대를 떠나 있습니다. 한 나라의 헌법에 보수주의자들의 헌법이 따로 있고 진보주의자들의 헌법이 별개로 있지 않으니까요.

보수도 진보도 지켜야 할 가치가 헌법 제1조에 담겨 있는 건데요. 만약 이에 동의하지 않는다면 헌법 개정 운동을 펼 수 있겠지만, 그렇지 않는 한 따라야겠지요. 법치국가라면 무엇보다 헌법의 가치, 그 가운데도 제1조를 중시해야 마땅합니다. 보수 정당도 진보 정당도 헌법 제1조를 존중해야 합니다.

2012년 대선에서
국가정보원이 저지른
'댓글 공작'을 비판한
시위 팻말.

　그런데 이런 헌법 제1조를 얼마나 잘 이해하고 있을까요? 모든 법 조항은 낱말 하나하나를 신중하게 선택합니다. 법 조항이 모호해서 해석이 서로 다르면 법을 집행할 행정부도 심판할 사법부도 혼란스러울 테니까요. 그래서 법 조항들은 딱딱할 수밖에 없어요. 더구나 헌법은 최상위 법입니다.

　제1조 ②항에서 "모든 권력은 국민으로부터 나온다"고 했는데 굳이 '권력'이라 하지 않고 '모든'이라는 관형사를 넣은 까

닭은 무엇일까요. 만약 '모든'이 불필요한 수식어라며 '권력은 국민으로부터 나온다'라고 했다면, 대다수는 그 권력에 '정치 권력'만을 떠올리기 십상일 것입니다. 제1조에 '모든'이 들어간 까닭은 그 권력이 정치 권력만이 아니라 다른 권력들까지 포함하고 있어서입니다.

정치 권력 외에 어떤 권력들이 떠오르나요? 많은 사람들이 경제적 권력을 생각할 겁니다. 현대 사회에서 자본은 정말 큰 권력을 행사하고 있어요. 정치 권력은 왕정 때와 달리 세습할 수 없지만 경제 권력은 마치 자연스럽고 당연하다는 듯이 세습합니다. 이 밖에도 언론사나 대학교를 소유한 사회 권력도 있고, 문화 권력도 있습니다. 문화 예술계와 체육계에서 종종 불거지는 '갑질'은 권력과 사뭇 거리가 있을 법한 영역에서도 권력이 작동하고 있다는 증거입니다.

알다시피 '모든'은 모호한 수식어가 결코 아닙니다. 사전 풀이 그대로 "빠짐이나 남김이 없이 전부"라는 뜻입니다. 그러니까 헌법 제1조가 "모든 권력은 국민으로부터 나온다"고 할 때, 우리가 인생을 살아가며 일상생활에서 부닥치는 모든 권력, 바로 그 모든 것이 국민으로부터 나오는 나라가 민주공화국이라는 뜻입니다.

그럼 '국민'은 누구를 뜻할까요? 쉽게 넘길 수 있는 질문은 아닙니다. 민주주의 정부에 대해 미국인들이 가장 존경하는 대통령으로 꼽는 링컨^{Abraham Lincoln, 1809~1865}이 남긴 유명한 말이 있지요. 바로 '국민의 국민에 의한 국민을 위한 정부'입니다. 그런데 영어로 된 원문을 보면 조금 이상합니다. "Government of the people, by the people, for the people"이거든요. '국민'은 영어로 '네이션^{nation}'인데 링컨은 분명히 '더 피플^{the people}'이라고 반복해서 말했거든요.

찬찬히 짚어 보죠. '국민'은 말 그대로 국적을 지닌, 또는 국가에 귀속된 모든 사람을 뜻합니다. 피플의 번역어로 적절하지 않지요. 그 말에 가장 적실한 우리말은 '민중'입니다. 물론 현재 영어권에서 통용되는 '피플'은 '사람들'로도 '민중'으로도 옮길 수 있습니다. 다만 여기에 'the'를 붙일 때는 민중의 의미를 분명히 담고 있습니다. 영영 사전을 보아도 "사회에서 권력을 갖지 못한 대다수의 평범한 남성과 여성들^{the large number of ordinary men and women who do not have positions of power in society}"로 풀이되어 있습니다. 우리 국어사전의 '민중' 풀이인 "국가나 사회를 구성하는 일반 국민. 피지배 계급으로서의 일반 대중을 이른다"와 일치합니다.

미국의 16대 대통령 에이브러햄 링컨도 말했듯이 민주주의는 '모든 권력이 민중으로부터 나오는 정치'를 뜻합니다. 헌법

미국 역사상 가장 위대한 연설로 꼽히는 에이브러햄 링컨의 '게티즈버그 연설'은
솔저스 내셔널 국립묘지 봉헌식에서 이루어졌다(1863년 11월 19일).

제1조의 뜻도 그렇고요. 헌법이 "모든 권력은 국민으로부터 나
온다"고 선언할 때, '권력이 없는 평범한 사람들로부터 권력이
나온다'로 이해해야 옳겠지요. 한 국가의 모든 권력**정치 권력과 경제
권력을 비롯한 모든 권력**은 지금 권력을 쥐고 있는 사람이 아닌 국민, 곧
민중으로부터 나온다는 생각이 민주주의 국가의 헌법 정신입

니다. 대한민국 정부 기관**국가법령정보센터**이 공식적으로 밝힌 헌법의 영문도 제1조 2항에서 '국민'을 'the people'로 번역해 놓았습니다.

그러니까 헌법 제1조에서 '국민'은 '사회에서 아무런 권력을 갖지 못한 대다수의 평범한 사람들'이라고 이해해야 참뜻이 됩니다. 영국과 미국에서 시민혁명이 일어나며 '피플'은 단순한 피지배자가 아니라 '국가의 주인'이라는 뜻으로 쓰이기 시작했습니다. 링컨이 민주주의 정부에 대해 정의할 때 '국가에 귀속된 사람'이라는 뜻의 '네이션'이 아니라 '더 피플'을 쓴 이유이지요.

헌법과 인권에 좌·우가 있을까

'행복할 권리'
얼마나 누리고 있을까

대한민국 헌법 제1조 못지않게 헌법 맨 앞에 놓인 전문도 읽어 볼 필요가 있습니다. "안으로는 국민 생활의 균등한 향상을 기하고 밖으로는 항구적인 세계 평화와 인류 공영에 이바지함으로써 우리들과 우리들의 자손의 안전과 자유와 행복을 영원히 확보할 것을 다짐"하고 있지요. 안전과 자유, 그리고 '행복'이 함께 들어 있어요. 그것도 "영원히 확보"하겠답니다.

전문에 이어 헌법 제10조에서도 '행복추구권'과 인권을 확인하고 있지요.

헌법 제10조 모든 국민은 인간으로서의 존엄과 가치를 가지며, 행복을 추구할 권리를 가진다. 국가는 개인이 가지는 불가침의 기본적 인권을 확인하고 이를 보장할 의무를 진다.

그런데 과연 우리는 얼마나 행복할까요. 대한민국의 자살률이 세계 1위이고 출산율은 꼴찌라는 통계가 새삼 안타깝습니다. 물론 행복이 무엇인가라고 물을 수 있겠지요. 사람마다 행복을 다르게 느낄 수 있으니까요. 행복을 추구하는 방향도 다르고요.

그래도 공통된 생각은 있겠지요. 국어사전을 찾아보면 '복지'를 '행복한 삶'이라고 풀이하고 있어요. 따라서 헌법 전문과 10조에서 확인할 수 있듯이 '국민 주권'처럼 '복지'도 보수와 진보를 떠난 가치임을 알 수 있습니다. 엄연한 헌법적 가치로서 국민의 권리인 거죠.

복지가 '행복한 삶'이라는 국어사전 뜻이 바뀌지 않는 한, 복지국가는 대한민국의 헌법 정신입니다. 헌법을 읽어 보면 구체적인 방안도 담겨 있습니다. 헌법은 제34조 ①항에서 "모든 국민은 인간다운 생활을 할 권리를 가진다"고 명시합니다. 마저 읽어 볼까요.

헌법 제34조 ② 국가는 사회보장·사회복지의 증진에 노력할 의무를 진다. ③ 국가는 여자의 복지와 권익의 향상을 위하여 노력하여

헌법과 인권에 좌·우가 있을까

야 한다. ④ 국가는 노인과 청소년의 복지향상을 위한 정책을 실시할 의무를 진다. ⑤ 신체장애자 및 질병·노령 기타의 사유로 생활능력이 없는 국민은 법률이 정하는 바에 의하여 국가의 보호를 받는다. ⑥ 국가는 재해를 예방하고 그 위험으로부터 국민을 보호하기 위하여 노력하여야 한다.

좋은 말만 가득하다고 그저 넘길 수 있는 문장들이 아닙니다. 헌법에 따라 입법부와 행정부, 사법부가 해야 할 일을 국민에게 밝혀 놓은 것이니까요. 우리는 헌법 제34조에 근거를 두고 과연 얼마나 우리들의 복지를 높이는 정책을 정부가 시행하고 있는지 따져 물어야 합니다. 과거보다 나아지고 있다지만 충분하다고 여기기는 어려우니까요. 바로 이어 헌법 제35조도 복지의 권리를 담고 있습니다.

헌법 제35조 ① 모든 국민은 건강하고 쾌적한 환경에서 생활할 권리를 가지며, 국가와 국민은 환경보전을 위하여 노력하여야 한다. ② 환경권의 내용과 행사에 관하여는 법률로 정한다. ③ 국가는 주택개발정책 등을 통하여 모든 국민이 쾌적한 주거생활을 할 수 있도록 노력하여야 한다.

흥미롭죠? 지금 "모든 국민이 쾌적한 주거생활"을 하고 있나요. 대한민국 헌법이 곳곳에서 강조하고 있듯이 행복한 삶, 곧 복지는 결코 진보 정당만의 정치적 과제일 수 없습니다. 진보든 보수든 헌법대로 정치를 하려면 복지국가 건설에 최선을 다해야 옳지요. 유권자들 또한 헌법이 보장한 우리의 권리인 '행복한 삶'을 실현하려는 정책을 누가 공약하는지 잘 살펴야겠지요.

인권의 기본,
자유권과 사회권

헌법처럼 보수와 진보가 따로 없는 또 다른 영역이 인권입니다. 대한민국 정부가 수립된 1948년 그해 '세계인권선언^{Universal} Declaration of Human Rights'이 발표됩니다. 1789년 프랑스혁명 과정에서 이미 인권선언이 공표되었지만 그 뒤 프랑스를 포함해 자본주의 국가들이 지구촌 곳곳을 식민지로 삼은 제국주의로 치달았지요. 20세기 들어서서는 두 차례의 세계대전으로 1억 명 가까운 인간을 서로 죽이는 참극이 벌어졌고요. 전쟁이 끝나면서 끔찍한 살육을 더는 되풀이하지 말자는 공감대가 나라들 사이에 형성되었어요.

1948년 12월 10일 국제 연합^{UN} 총회에서 채택한 세계인권선언은 현재 250여 개 언어로 번역될 만큼 지구촌에 퍼져 보수와 진보를 가릴 것 없이 자주 인용하는 문서가 되었습니다.

모두 30개 조로 구성되었는데요. 제1조에서 "모든 인간은 태어날 때부터 자유로우며, 누구에게나 동등한 존엄성과 권리가 있다. 인간은 타고난 이성과 양심을 지니고 있으며, 형제애의 정신에 입각해서 서로 간에 행동해야 한다"고 선언합니다. 제2조에선 "모든 사람에게는 인종, 피부색, 성별, 언어, 종교, 정치적 입장이나 여타의 견해, 국적이나 사회적 출신, 재산, 출생이나 여타의 신분과 같은 모든 유형의 차별로부터 벗어나서, 이 선언에 규정된 모든 권리와 자유를 누릴 자격이 있다"고 밝히고 있지요.

선언은 또 모든 사람이 자유롭게 직업을 선택하고, 실업자가 되면 보호를 요구할 권리가 있음을 밝힙니다. 자신의 이익을 보호하기 위해 노동조합을 조직하고 참여할 권리도 담았지요. 인간으로서 요구할 권리와 함께 의무도 담았는데요. 끝자락인 제29조에서 "모든 사람에게는 자신의 인격이 오로지 자유롭고도 완전하게 발달할 수 있는 사회를 이룩할 의무가 있다"고 밝힙니다. 세계인권선언은 지구촌에서 살아가는 사람들에게 '관습법'처럼 되었고, 선언을 채택한 날인 12월 10일은 '세계 인권의 날'로 기념되고 있어요.

제3회 유엔 총회에서 채택된 세계인권선언문.

현재 인권에 대한 국제 규범은 '자유권'과 '사회권'을 두 기둥으로 삼고 있습니다. 많은 사람이 인권이라면 정치적으로 억압받지 않을 권리를 떠올리는데요. 그것이 바로 자유권입니다.

민주주의에서 중시되어야 할 기본적인 인권이지요. '시민적·정치적 권리에 관한 국제 규약International Covenant on Civil and Political Rights'의 줄임말이 자유권입니다. '정치권 규약'이라고도 하고, 국제적으로는 'B 규약'으로 소통되고 있어요. 자유권은 국가의 불법적이고 부당한 행위에 대해 개인의 생명·재산·자유를 요구하는 권리이지요.

자유권 못지않게 중시되어야 할 인권이 사회권입니다. '경제적·사회적·문화적 권리에 관한 국제 규약International Covenant on Economic, Social and Cultural Rights'의 줄임말로 국제적으로는 'A 규약'으로 불려요. 실질적 평등과 분배 정의를 국가에 요구하는 적극적 권리입니다. 1966년 12월 국제 연합 총회에서 채택되고 1976년 1월 3일 발효되었지요. 대한민국 정부도 1990년 7월에 비준했습니다.

사회권 규약은 자유권 규약과 제1조를 공유하는데요. "모든 민중은 자결권을 가진다All peoples have the right of self-determination. 이 권리에 기초하여 모든 민중은 그들의 정치적 지위를 자유로이 결정하고 그들의 경제적, 사회적, 문화적 발전을 자유로이 추구한다"고 공언합니다.

사회권 규약은 모든 사람이 적당한 식량과 의복, 주택을 포함하여 자기 자신과 가정을 위한 적당한 생활 수준을 누릴 권리까지 구체적으로 명시하고 있습니다. 기본적인 식의주 생활을 보장받을 권리가 있다는 거죠. 또 "모든 사람은 그의 경제적, 사회적 이익을 증진하고 보호하기 위하여 노동조합을 결성하고, 그가 선택한 노동조합에 가입하는 권리"**제8조**와 교육에 대한 권리 **제13조**가 있음을 밝힙니다. 사회권은 일**노동**할 수 있는 권리, 실업으로부터 보호받을 권리, 휴식과 여유를 가질 권리, 건강과 행복에 필요한 생활 수준을 누릴 권리들을 모두 아우릅니다.

사회권이 처음으로 헌법에 반영된 것은 1919년 독일 바이마르 공화국 때입니다. 바이마르 공화국 헌법은 "사회·경제적 강자의 경제 활동에 대해 적극적인 제한 규정을 도입하고 사회·경제적 약자에게는 사회권을 보장한다"라고 명시했습니다. 대한민국 정부도 사회권 규약을 비준했기 때문에 국민 모두가 규약에 담긴 권리를 누려야 마땅합니다.

헌법과 국제 규약에 명시된 우리의 권리들이 과연 얼마나 구현되고 있는지 주권자들이 늘 짚어 보아야 합니다. 한국에 머무는 유럽인들 가운데 '한국인은 권리 의식이 약하다'고 꼬집는 사람들이 더러 있는데요. 우리 미래 세대는 그런 말을 듣지 말아야겠지요.

민주공화국의 주권자라면 자신의 권리 찾기에 적극 나서야 합니다. 주권자로서 갖춰야 할 기본 자세를 갖춘 사람이 소수일 때 민주주의는 구현될 수 없어요. 국민의 의무는 권리가 있기에 부여되는 것이지 그 반대는 아닙니다. 사람답게 살 권리, 바로 인간의 존엄성이고 인권입니다. 헌법이 보장하는 권리가 충족되지 못할 때 일차적 책임은 개인이 아니라 국가, 특히 권력 기관이 져야 합니다. 국가에 당당히 권리를 요구하지 않고 가만히 있을 때, 그 피해와 책임은 자신은 물론 모든 민중에게 돌아갈 수밖에 없습니다.

애국심의 위험성과
헌법 애국주의

애국심. 나라를 사랑하는 마음입니다. 애국심이 없으면 개인주의자나 이기주의자로 몰리기 쉽지요. 프랑스의 나폴레옹은 "인간 최고의 도덕은 애국심"이라 단언했습니다.

하지만 나폴레옹이 대대적으로 벌인 전쟁으로 최소 300만 명이 숨진 사실을 잊지 않아서일까요. 나폴레옹의 러시아 침략을 배경으로 긴 소설『전쟁과 평화』을 쓴 톨스토이는 "전쟁을 없애기 위해서는 애국심을 없애야 하고, 그러려면 그것이 하나의 악이라는 것을 이해하는 것이 먼저 필요하다"고 경고했습니다. 그는 사람들에게 애국심이 나쁜 것이라고 말하면, 대부분은 '나쁜 애국심은 나쁘지만, 나의 애국심은 좋은 것'이라고 답한다며 우려했어요.

톨스토이가 품은 우려처럼 제2차 세계대전에서 애국심에 열정적으로 호소한 세 나라는 국민적 참극을 맞았습니다. 독일 나치즘, 이탈리아 파시즘, 일본 군국주의입니다. 세 나라는 영국, 프랑스, 미국에 비해 자본주의가 늦어졌고 그 결과 식민지를 더 확보하기 위해 전쟁을 벌였습니다. 세 나라 모두 젊은 청년들에게 애국심을 부추겨 '위대한 조국' 깃발 아래 싸우라고 선동했지요. 히틀러와 무솔리니 그리고 일본 제국주의가 애국심을 선동한 방법은 비슷했습니다. 역사를 조작해서 그들의 과거는 미화하고 이웃 나라 역사는 왜곡해 열등한 민족으로 선전했어요.

빛나간 애국심이 얼마나 위험한가를 경험한 독일의 철학자 하버마스는 '헌법 애국주의constitutional patriotism'를 주장했습니다. '헌정 애국주의'라고도 하는데요. 애국심을 그 나라 헌법에서 찾았습니다. 대다수 나라가 모든 사람의 존엄성을 명문화하고 있죠. 헌법이 담은 인간의 존엄성, 행복 추구권을 실제로 실현하려고 노력하는 것을 애국심으로 정의합니다. 그때 애국심은 감정적 선동이나 위험한 휩쓸림에서 벗어날 수 있겠지요. 저항권도 올바르게 사용할 수 있겠고요. 헌법에 따라 민주주의 국가를 만들고 지켜나가는 것이 참다운 애국심의 모습입니다.

청소년 큰 참사 부른 "가만히 있으라"

디딤돌 2

2014년 4월 16일, 고등학생 250명이 생명을 잃은 참사가 일어났습니다. 제주도로 수학여행을 간다는 설렘으로 학생 325명과 교사 14명이 배에 올랐어요. 바다도 잔잔했습니다. 그럼에도 배가 침몰하면서 학생 250명과 교사 11명 등 총 304명이 숨겼습니다.

참사가 일어난 뒤 진실이 하나둘 드러났습니다. 그들이 탔던 세월호는 조타기가 제대로 작동하지 않을 만큼 낡은 배였습니다. 기업에 대한 규제를 줄인다며 오래된 배의 수입을 허용한 거죠. 게다가 승객 정원을 늘리려고 배를 증축·개축했습니다. 허용된 화물량보다 두 배나 많은 화물을 실었고요. 더 많은 돈을 벌려는 해운회사^{청해진}의 탐욕이 사람들의 생명을 앗아간 거죠.

문제는 여기서 그치지 않아요. 배가 기울기 시작해 침몰할 때까지 1시간 35분이 걸렸거든요. 시뮬레이션 결과, 선장이 승객들에게 구명 조끼를 입고 배에서 탈출하라는 명령을 내렸다면 모

침몰 3년 뒤인 2017년 목포 신항에 인양된 세월호.

두 구조될 수 있는 시간이었습니다. 당시 바다의 수온은 12.6도였고, 구명 조끼만 입고 떠 있었어도 최대 6시간까지 버틸 수 있었답니다.

왜 승객들은 서서히 가라앉는 배에서 나오지 않았을까요. 안내 방송에서 "현재 자리에서 움직이지 마시고, 안전 사고 우려에 대비해 주시기 바랍니다"라는 말을 되풀이했기 때문입니다. 물론, 혼란을 막기 위해서라고 볼 수도 있습니다. 하지만 모든 승객이 질서 있게 탈출할 수 있도록 안내한 방송이 전혀 아니었습니다. 이미 선장을 비롯해 조타실 선원들은 배를 떠났음에도 남은 승무원은 '절대로 움직이지 말고 가만이 있으라'는 방송을 이어 갔습니다. 대다수 승객들은 '곧 구조된다'는 안내 방송을 하는 선원이 전문가라고 믿으며 배에서 나올 생각을 못 했습니다.

세월호 참사의 피어린 교훈입니다. 헌법이 아무리 행복권과 인권을 보장하더라도 권력자들을 믿고 가만히 있으면 피해는 고스란히 우리가 입게 됩니다. 권력자들은 늘 '국민의 행복'을 위한다고 주장하거든요. 그들의 말을 언론 매체들이 전파하고 있기에 더 그렇습니다.

7

주권을 지키는 언론과 여론

Democracy

민주주의와 주권을 지키는
제4부

민주주의 국가에서 주권자들은 선거를 통해 정치 권력을 정치인에게 위임합니다. 그런데 선거에서 당선되어 공직을 맡은 정치인이 유권자에게 약속^{공약}한 정책을 실현하지 않는다면, 심지어 정반대 정책을 펴거나 자기 이익만 챙긴다면 어떻게 해야 할까요?

가장 쉽게 떠오르는 답은 다음 선거에서 다른 후보에게 투표하는 거겠지요. 하지만 그러려면 헌법에서 보장한 임기가 끝나기를 기다려야 합니다. 민주주의 국가에서 정치 권력을 가진 사람들은 모두 임기가 있는데요. 이를테면 2026년 현재 한국에서 행정부의 대통령 임기는 5년, 입법부의 국회의원 임기는 4년입니다. 사법부의 대법원장은 선출직이 아니어서 대통령이 임명하고 국회 동의를 받아야 합니다. 임기는 6년이지요. 대통령과 대법원장은 연임할 수 없도록 헌법에 규정되어 있어요. 국회의원은 연임에 제한이 없습니다.

입법부, 행정부, 사법부 모두 헌법과 법률을 위반하지 않는한 임기를 보장받습니다. 국민이 임기 동안 국가를 운영하라고 맡겨 둔 거죠. 그런데 그들이 맡은 권력을 정말 국민**권력이 없는 사람들**을 위해 쓰고 있는지 다음 선거가 오기 전까지 누군가는 일상적으로 감시해야 합니다. 민주주의 국가에서 그 일을 맡은 사회 기관이 바로 언론입니다.

그러니까 언론은 입법부, 행정부, 사법부와 달리 국가 권력 기관이 아닙니다. 정반대로 세 권력 기관으로부터 독립되어 그 기관들을 감시하는 조직이지요. 그래서 학자들은 언론을 '제4부'라고 합니다.

보수와 진보를 떠나 정치 권력을 감시하는 가장 중요한 기준의 하나는 선거 과정에서 유권자에게 한 약속이지요. 후보로서 공약을 내걸고 표를 얻어 권력의 자리에 올랐다면, 언론은 대통령이나 국회의원들이 그 공약을 얼마나 실현해 가느냐를 짚어야 합니다. 공약에 문제점이 있다면 그 또한 보도하고 논평해서 더 나은 정책을 이끌어 내야겠지요. '경제 민주화'를 공약으로

헌 법 재 판 소

결   정

사 건	2016헌나1 대통령(박근혜) 탄핵
청 구 인	국회
	소추위원 국회 법제사법위원회 위원장
	대리인 명단은 별지와 같음
피 청 구 인	대통령 박근혜
	대리인 명단은 별지와 같음
선 고 일 시	2017. 3. 10. 11:21

주   문

피청구인 대통령 박근혜를 파면한다.

이   유

1. 사건개요

가. 사건의 발단

전국경제인연합회(다음부터 '전경련'이라 한다)가 주도하여 만든 것으로 알려져 있던 재단법인 미르와 재단법인 케이스포츠(다음부터 '미르'와 '케이스포츠'라고 한 다)가 설립될 때 청와대가 개입하여 대기업으로부터 500억 원 이상을 모금하였다는 언론 보도가 2016년 7월경 있었다. 청와대가 재단 설립에 관여한 이유 등이 2016년 9

'박근혜 대통령 탄핵 결정문' 첫 장(2017년 3월 10일).

내걸고 대통령에 당선된 뒤 오히려 대기업 중심의 정책을 편 정 부에 대해 보수냐, 진보냐를 따지기 이전에 언론의 의무는 비판 입니다.

언론이 지닌 권력 감시의 힘은 2016년 11월부터 타오른 촛불 집회에서 확연히 드러났습니다. 아무런 직책도 자격도 없는 사람**최순실**이 대통령의 연설문을 비롯해 국가 운영에 개입하고 최고위급 공무원들의 숱한 비리가 늦게나마 언론을 통해 적나라하게 드러났기 때문이지요. 자칫하면 아무도 모르고 지나쳤을 '국정 농단'이 언론 보도로 알려지고 결국 박근혜는 대통령직에서 파면된 뒤 구속됐습니다. 대통령뿐 아니라 국회의원이나 법관들도 뇌물을 받은 사실이 언론에 알려지면 곧 수사를 받게 됩니다.

언론이 제4부라고 해서 입법, 행정, 사법부 다음 순서인 것은 아닙니다. 언론은 권력 기관 만이 아니라 헌법 제1조에 명시된 '모든 권력'을 감시하거든요. 정치 권력만이 아니라 경제 권력, 사회 권력, 문화 권력, 종교 권력 들이 큰 힘을 지니고 있잖습니까. 그런 권력의 힘이 정말 아래로부터 나오는지 감시해야지요. 대기업에서 회장이나 사장들이 고용된 노동인들에게 욕설을 하며 인격을 모욕하는 '갑질'도 언론에 보도되면서 줄어들고 있습니다. 일터에서 사고로 죽은 노동인들의 숫자는 아직도 세계에서 가장 높은 수준이지요. 사립 대학에서 입시 부정을 저지른 사실도 언론이 파헤쳐야 할 문제입니다. 종교인들이 부패했을 때도 언론은 침묵해서는 안 되죠. 모든 권력이 평범한 국민으로부터 나와야 민주주의인데 그렇지 않다면, 권력이 힘을 남용하거나 오히려 주권자를 억압한다면, 바로 그곳에 언론이 있어야 합니다.

그래서 언론을 연구하는 학자들은 "사람들이 자유로워지고 스스로 다스리는 데 필요한 정보를 제공하는 것"이 언론의 목적이라고 정의합니다. 여기서 스스로 다스린다는 의미는 민주주의 정부에 대해 앞에서 짚어 본 링컨의 정의와 이어집니다.

언론 자유와
여론 형성

　권력자들은 언론을 싫어합니다. 왕정 시대에 왕을 감시하는 언론이란 상상하기 어렵지요. 전근대에 왕에게 직언을 할 수 있는 제도를 갖춘 조선 왕국이 그래서 돋보입니다. 조선 왕조는 사헌부와 사간원을 두었는데요. 두 기관은 왕의 말과 행동에 잘못이 있을 때 이를 바로잡는 일을 맡았어요. 최고 권력자의 잘못을 지적한다는 점에서 현대 언론과 비슷할 수 있지만 한계가 뚜렷했습니다. 어디까지나 왕과 양반 계급이 지배하는 왕정을 효율적으로 관리하기 위한 제도였으니까요. 두 기관에서 일하는 관리들 또한 양반 계급이었지요.

　왕정 시대만이 아닙니다. 민주주의 국가임을 대내외에 선포하는 나라에서도 권력은 언론을 싫어합니다. 독재자의 경우에는 더욱 그렇죠. 자신을 감시하는 누군가를 좋아할 권력자는 드물겠지요.

하지만 권력 감시는 민주주의 국가에서 언론의 권리이자 의무입니다. 모든 권력으로부터 주권을 지키는 일이니까요. 민주주의를 일궈 오는 과정에서 많은 사람들이 싸움에 나섰듯이 언론 자유를 위해 언론인들도 희생을 무릅쓰고 권력을 감시해 왔습니다.

현재 대한민국은 헌법 제21조에 언론 자유를 보장하고 있습니다. "모든 국민은 언론·출판의 자유와 집회·결사의 자유를 가진다"는 ①항에 이어 ②항에서 "언론·출판에 대한 허가나 검열과 집회·결사에 대한 허가는 인정되지 아니한다"라고 규정합니다. 언론이 권력으로부터 자유로워야 함을 규정한 거죠.

언론이 모든 권력을 감시하는 과정에서 여론^{Public Opinion}이 중요합니다. 언론이 권력의 문제점을 보도해도 여론이 움직이지 않으면 효과가 없으니까요. 그래서 언론의 주요 기능으로 권력 감시와 함께 여론 형성을 꼽습니다.

일찍이 프랑스혁명에 사상적 영향을 끼친 루소^{Jean Jacques Rousseau, 1712~1778}는 "세계 최고의 여왕은 여론"이라고 단언했습니다. 그는 "여론은 왕의 권력에도 복종하지 않는다"고 강조했지

주권을 지키는 언론과 여론

장 자크 루소

요. 민주주의 정부에 대해 간명한 정의를 남긴 링컨도 "여론이 전부"라며 "여론의 지지를 받으면 실패할 수 없고, 여론의 지지를 받지 못하면 그 어떤 것도 성공할 수 없다"는 말을 남겼습니다. 현대 민주주의는 '여론정치'라는 말이 있을 정도죠.

그럼 언론은 어떻게 여론을 형성할까요. 언론을 연구하는 학자들은 그것을 '의제 설정 Agenda Setting'으로 설명합니다.

의제는 국어사전 뜻 그대로 "회의에서 의논할 문제"입니다. 의제 설정은 '회의에서 의논할 문제를 정한다'는 뜻이 되겠지요. 언론에서 다룰 의제는 사회적으로 의논할 문제입니다. 한 사회나 나라가 해결해야 할 문제를 신문이나 방송이 돋보이게 보도할 때 그것을 '미디어 의제'라고 합니다. 신문이 맨 앞면[1면] 머리기사로, 방송이 뉴스 시간에 첫 뉴스로 각각 큼직하게 보도하는 것이 바로 미디어 의제이지요. 같은 문제를 집중적으로 보도할 때 의제를 설정했다고 할 수 있어요.

예를 들어 초·중·고등학교 교실에서 교사의 체벌이 심각할 때 신문들이 1면에 보도하고 방송이 톱 뉴스로 전하며 며칠을 이어 가면 그 문제를 많은 사람들이 중시하게 됩니다. 그때 그 의제를 '공공 의제'라고 하지요. 체벌이 더 많은 사람들에게 문제로 받아들여지고 그것을 해결하라는 여론이 형성되는 거죠. 그러면 국회에서 교사의 체벌을 금지하는 법을 만들게 됩니다. 정부는 그 법에 따라 체벌을 못 하게 집행하고요. 법을 어긴 교사는 처벌하죠. 실제로 군사 쿠데타로 집권한 박정희 정부 시대에 일부 교사의 체벌은 폭행 수준이었어요. 1989년 교사들이 전국교직원노동조합을 결성하고 학교 민주화에 나서면서 체벌은 점차 사라졌지요.

하지만 2020년대 들어서자 전혀 다른 문제가 나타났습니다. 교실에서 마땅히 존중받아야 할 교사의 권한은 물론 인권까지 짓밟는 학부모나 수업을 대놓고 방해하는 학생들이 생겨났어요. 그런 문제를 신문과 방송이 비중 있게 보도함으로써 교권을 보호해야 옳다는 여론이 높아졌지요. 교권을 보호하는 입법이 만들어진 이유입니다. 정부도 더 나은 교실을 이루려고 여러 정책을 모색하지요. 입법부와 행정부가 공공 의제를 받아 해결에 나설 때 그것을 '정책 의제'라 합니다. 미디어 의제가 여론 형성의 시작이라면 공공 의제를 거쳐 정책 의제가 될 때 민주주의의 원리인 여론 정치가 구현되는 거죠.

언론이 모든 권력을 감시할 자유를 지니고 여론을 형성하는 기관이라면 그에 걸맞은 책임이 따라야겠지요. 무엇보다 언론이 반드시 지켜야 할 기본 가치는 '사실을 정확하게 전하는 것'입니다. 언론에서 '사실 확인'이 얼마나 중요한가를 단적으로 입증해 주었던 건 세월호 참사가 일어난 때였어요. 2014년 4월 16일 세월호가 침몰했을 때 '속보 경쟁'에 몰입한 방송사들이 "전원 구조"를 잇따라 보도했거든요. 수학여행 떠난 학생들의 부모는 '전원 구조' 뉴스에 환호하며 안도했습니다. 다른 방송사보다 먼저 특종을 터뜨려야 한다는 조급함으로 사실 확인을 않고 치명적인 오보를 한 거죠. 유튜브가 넘쳐나는 시대를 맞아 사실 확인은 더 중시되고 있습니다.

유튜브와 미디어 혁명의 미래

과학기술 혁명이 21세기 들어 본격적인 미디어 혁명을 이끌고 있는데요. 과거에는 신문과 방송이 여론을 형성하는 결정적 역할을 했지만 인터넷의 등장으로 달라졌습니다. 신문과 방송은 자신들이 내보낸 뉴스를 독자나 시청자들이 받는다는 점에서 정보의 흐름이 한쪽 방향으로만 흐르지요. 하지만 인터넷이 대다수 사람들을 이어 주면서 독자나 시청자들도 신문과 방송이 해 온 일을 얼마든지 할 수 있게 되었습니다. 그 점에서 미디어를 연구하는 학자들은 이를 '미디어 혁명'으로 불러요.

미디어 혁명으로 빠르게 성장한 미디어 가운데 가장 두드러진 매체가 유튜브입니다. 유튜브^{YouTube}는 온라인 동영상 공유

플랫폼으로 2005년 2월에 미국에서 탄생했습니다. 온라인 회사에서 일하던 세 사람이 공동으로 창립했지요. 유튜브가 등장하면서 'UCC'가 '유저'라는 말과 함께 퍼져 갔는데요. UCC는 미디어 사용자가 직접 창작한 콘텐츠^{User Created Contents}를 말합니다.

유튜브에 사람들이 몰리자 등장 이듬해인 2006년에 구글이 16억 5000만 달러^{2조 원}라는 천문학적 가격으로 인수했지요. 거대 기업 구글이 인수한 뒤 유튜브는 더 빠르게 성장했습니다. 전통적 미디어인 TV에 익숙한 40대 이상의 기성세대도 스마트폰으로 동영상을 보는 경향이 높아지고 있습니다.

그런데 유튜브에 여러 문제점들이 나타나고 있습니다. 사람들의 시선을 끌기 위해 '낚시 제목'을 달아 올리거나 선정적이고 자극적인 동영상을 올리기도 합니다. 심지어 서슴지 않고 '가짜 뉴스'를 내보내기도 하지요.

미국 대통령이 가짜 뉴스를 퍼트리는 사건까지 벌어졌습니다. 2017년 11월에 당시 대통령 트럼프는 "무슬림 이민자가 목발을 짚고 있는 네덜란드 소년을 두들겨 패다!"라는 자극적 제목의 영상을 자신의 공식 트위터로 리트윗했습니다. 그 동영상을 만든 사람은 영국의 악명 높은 극우 인종 차별주의자였는데요. 영국 안에서 철저히 외면받고 있는 사람이 올린 동영상을 미국 대통령이 퍼트린 거죠. 그런데 미국주재 네덜란드 대사관이 곧바로 사실이 아니라고 밝혔습니다. 문제의 영상에서 폭력을 저지른 가해자는 이민자가 아니라 네덜란드에서 태어나 자랐습니다. 더욱이 네덜란드 언론은 가해자가 무슬림도 아니라고 보도했습니다. 미국 대통령으로 재임하며 자신에게 비판적인 언론 보도를 모두 '가짜 뉴스'로 몰아친 트럼프가 스스로 가짜 뉴스를 퍼트린 꼴이지요. 실제로 트럼프 자신이 백인 중심의 인종 차별주의자입니다.

가짜 뉴스는 민주주의의 가장 중요한 행사 가운데 하나인 선거에도 악영향을 끼칩니다. 가짜 뉴스들이 넘쳐나면서 유권자들이 정치를 불신하게 되거나 투표를 통한 권력자 선택이 잘못될 수도 있으니까요.

유튜브에 들어가면 누구나 느꼈겠지만 추천 알고리즘을 따라 자주 보는 영상과 비슷한 영상을 반복 시청하게 되면서 자칫 '토끼 굴rabbit hole'에 빠지게 됩니다. 구독자가 좋아할 만한 동영상을 추천함으로써 계속 유튜브에 머물게 하려는 거죠. 특정 정치 성향의 동영상을 보면 비슷한 성향의 영상이 추천되거든요. 그 추천 영상들을 볼수록 더 많은 동영상이 추천되면서 결국 특정한 정치 성향의 동영상만을 소비하게 됩니다. 가령 트럼프 지지자들은 그가 옳다는 주장을 펴는 동영상만 보게 되는 거죠. 자신이 지지하는 정치인이라면 어떤 잘못을 해도 옹호하는 사례는 윤석열의 비상계엄 사태에서도 나타났잖습니까?

유튜브는 단순히 동영상 플랫폼으로서 기능하는 것이 아니라 카카오톡, 인스타그램, 페이스북을 통해 공유되기에 영향력이 큽니다. 알고리즘을 통해 개인에게 최적화된 추천을 일상화하고 있어 더 그렇습니다.

다만 지구촌 곳곳에서 인권 향상과 자연 보호를 비롯해 더 나은 세상을 만들어 가려는 사람들 사이에서도 유튜브를 비롯한 뉴미디어 활용이 늘어나고 있습니다. 21세기 들어 미디어 혁명과 함께 열린 새로운 시대는 '스마트폰 중독'이라는 질병을 퍼트리기도 하지만 새로운 문명을 열어 갈 수도 있습니다.

누가 언론 자유를
위협하나

디딤돌

　권력을 감시하고 여론을 형성해 나가는 신문과 방송은 그럼 누가 만들까요. 신문사와 방송사에서 일하는 기자들입니다. 권력을 감시하는 만큼 국가 권력 기관에 소속될 수 없습니다. 대다수 민주주의 국가에서 언론사는 기업이지요. 반도체 기업이 반도체를 생산하고, 자동차 공장에서 자동차가 생산되듯이 신문 기사나 방송 프로그램은 언론 기업의 상품이 됩니다.

　한국의 중앙 일간지는 대부분 특정 집안이 소유하고 있어요. 방송에서 영향력이 큰 KBS와 MBC는 다행히 공영 방송입니다. SBS와 종합 편성 채널들은 기업이지요. 신문사와 방송사들은 기자들을 공개 채용합니다. 기자 시험을 보는 청년들은 대부분 권력 감시의 뜻을 품고 있습니다. 그런데 기자들의 올곧은 뜻과 달리 신문이나 방송의 소유주들은 언론을 통해 더 많은 이익을 얻으려고 합니다. 그들에게 언론사는 자본주의 사회에서 하나의 기업이거든요.

더구나 언론사 수익에서 광고가 차지하는 비중이 구독료나 시청료 수입보다 훨씬 많습니다. 특히 대기업이 광고를 많이 하기 때문에 언론 자본은 그들과 유착하기 쉽습니다. 대기업 소유주 집안과 언론사 소유주 집안이 자녀들의 결혼으로 맺어지는 사례도 많습니다.

그래서 독재 시기에 언론 자유를 위협하는 세력은 권력이지만, 민주주의 정부가 들어서면 자본이 언론 자유를 위협할 수 있습니다. 실제로 박정희 정부 때 권력이 신문사 소유주들과 손잡고 기자들을 대량 해고한 사건이 일어났어요. 기자들이 힘을 모아 언론 자유를 지키고 '언론다운 언론'을 만들기 위해 노동조합을 결성한 이유입니다.

현대 사회의 주요 권력인 정치 권력과 경제 권력^{자본}으로부터 독립해서 그들을 감시하며 민주적 여론을 형성해 나갈 '언론 자유'를 지키려면 기자들이 힘을 모아야 합니다. 신문 독자나 방송 시청자들, 그리고 미래 세대도 그런 기자들을 응원해주면 좋겠지요. 뜻있는 기자들이 독자들의 성금을 모으거나 시민들이 신문사 주식을 매입해서 자본으로부터 독립된 언론사를 만들기도 했으니까요.

8 K-민주주의의 눈부신 전개

Democracy

1919년 3·1혁명의
민주공화국 선포

    1919년 전국에서 일어난 3·1운동은 대한민국 헌법 전문에도 담겨 있을 뿐만 아니라 초·중·고 교과서에 모두 나올 만큼 한국사의 큰 전환점을 이룬 역사적 사건입니다. 3·1운동을 단순한 '만세 운동'이나 '실패한 비폭력 운동'쯤으로 알고 있는 사람이 적지 않지만, 깊이 들여다볼 필요가 있어요. 비폭력 만세 운동이라는 일반적인 인식과 달리 초기 석 달 동안에만 일본 제국주의자들이 줄여 잡은 통계만 보더라도 7,500여 명의 한국인이 학살당했습니다.

    기미년¹⁹¹⁹ 내내 일어난 독립 만세 운동에 분연히 참가한 한국인들, 그 운동에 하나뿐인 생명을 기꺼이 바친 사람들의 꿈은 무엇이었을까요? 그들이 꿈꾼 세상은 어떤 나라였을까요? "조선의 독립국임과 자주민임을 선언하노라"로 시작하는 독립선언문을 찬찬히 읽어 보면 그들이 꿈꾼 나라의 모습이 또렷하게 드러나는데요. 바로 독립국이자 민주주의 나라입니다.

선언문은 "이 선언을 세계 온 나라에 알리어 인류 평등의 크고 바른 도리를 분명히 하며, 이것을 후손들에게 깨우쳐 우리 민족이 자기의 힘으로 살아가는 정당한 권리를 길이 지녀 누리게 하려는 것"이라고 천명합니다. 선언문이 조선 독립의 의미를 자리매김한 대목은 지금 읽어 보아도 신선합니다. "우리 조선의 독립은 조선 사람으로 하여금 정당한 생존과 번영을 이루게 하는" 동시에 "동양 평화로써 그 중요한 일부를 삼는 세계 평화와 인류 행복에 필요한 계단이 되게 하는 것"이라고 했어요. 조선 독립은 일본이 잘못된 길에서 벗어나게 함으로써 동아시아의 평화를 계단으로 세계 평화와 인류 행복에 이른다는 세계사적 전망을 담고 있는 거죠.

선언문이 밝혔듯 "이천만 민중의 정성된 마음을 모아서" 불붙은 3·1운동은 열매를 맺었습니다. 바로 1919년 4월에 세운 '대한민국 임시정부'입니다. '왕의 나라'로 복귀가 아니라 새로운 '민국'을 선포했지요. 한국 역사에서 처음으로 왕정이 아닌 민주공화국을 선언한 혁명적 사건입니다. 그래서 역사학계에선

'3·1운동'보다 '3·1혁명'으로 쓰는 학자들이 많습니다.

3·1혁명은 천도교, 기독교, 불교 등 종교 세력이 주도했는데
요. 그중에서 천도교 지도자인 손병희[1861~1922]와 동학교도들
의 역할이 컸습니다. 천도교는 다름 아닌 동학을 계승한 조직입
니다. 동학운동이 천도교라는 종교 조직으로 모습을 바꾼 거죠.
1894년 동학혁명을 주도한 녹두장군 전봉준과 손병희는 의형
제를 맺은 사이였어요. 동학혁명이 일어났을 때 충청도와 강원
도의 동학 농민군을 이끈 사령관이 손병희였지요. 전봉준은 체

포되어 사형을 당했습니다. 손병희는 가까스로 몸을 피해 잠적했다가 탄압이 수그러들자 종교 단체인 '천도교'를 창립해 동학을 이어 갔어요. 일본 제국주의를 속여 가며 치밀하게 조선 독립 선언을 준비하고 33인의 민족 대표들과 함께 1919년 3월 1일부터 전국에서 만세 시위 운동을 주도했습니다.

독립 선언은 비폭력 시위로 전개되었습니다. 시위 주동자와 참가자들은 무장한 일본 경찰들 앞에서 태극기 한 장을 들고 맨몸으로 독립 만세를 외쳤습니다. 그럼에도 일제는 총칼로 무자비한 살상을 벌였어요. 특히 여성들에게 성적 학대와 가혹한 고문을 저질렀습니다. 당시 영국 언론의 특파원으로 3·1혁명 현장을 취재한 매켄지^{F.A. McKenzie} 기자는 일본인들이 "제멋대로" 칼을 휘둘렀다며 야만적인 고문을 기록했지요. 일본 제국주의자들은 "여학생과 젊은 여인들의 옷을 벗기고 두들기고, 발로 차며 채찍질하고 또 욕을 보이는" 짓을 벌였습니다. "담뱃불로 어린 소녀들의 연한 살을 지지고, 또 불에 달군 쇠로 남자건 아녀자건 할 것 없이 이들의 살을 태운 성적 박해와 폭행, 죽음을 당할 수 있다는 사실을 알면서도 여성―여학생, 교사, 가정주부, 기생―들은 집밖으로, 학교 밖으로 뛰쳐나와 3·1운동을 주도했으며, 많은 비밀 모임을 조직하고, 외국의 평화 운동가들에게 탄원서를 제출하는 등 다양한 방식으로 일제에 저항했다"고 기사를 썼습니다.

10대 여학생들은 폭행과 성 고문이 마구 자행되는 가운데에서도 만세 시위를 그치지 않았습니다. 감옥에서 나온 한 여학생이 "나는 이 모든 악형을 나라를 위하여 당하는 일이라 생각하기 때문에 수치도 아픔도 이길 수 있었다"고 당당히 말하는 모습을 본 선교사 게일James S. Gale도 한국인의 독립 의지에 경탄을 금치 못했습니다.

민중들의 희생을 딛고 1919년 4월 11일에 출범한 대한민국 임시정부는 임시 헌장 제1조에서 대한민국을 '민주공화국제'로 규정했으며, 제2조와 제3조에서는 입법과 행정의 분리와 모든 사람의 평등을 명시했습니다. 임시 헌장은 1948년 대한민국 제헌 헌법의 모체가 되었죠. 제헌 헌법 전문은 1919년 3월 1일 세계에 선포한 위대한 독립 정신과 대한민국 임시정부를 계승한다고 밝혔습니다.

1960년 4월 혁명에서
1979년 부마항쟁까지

일본 제국주의는 3·1혁명을 주도한 손병희를 즉각 체포해 감옥에 가뒀습니다. 많은 사람들이 만세 시위를 벌이며 손병희를 임시정부 대통령으로 추대했습니다. 그런데 감옥에 갇히는 바람에 통합 임시정부의 대통령으로 이승만이 취임했습니다. 하지만 독립운동보다 미국에 머물며 외교에만 의존했기에 임시정부는 곧 그를 탄핵했지요. 임시정부는 끊임없이 독립운동을 벌였고 박은식, 이동녕에 이어 김구가 주석으로 책임을 맡았습니다. 1940년대에 들어서서는 의열단 지도자인 김원봉도 합류해 국내 무장 투쟁을 계획했습니다.

1945년 8월 15일 일본 제국주의가 미국에 항복하고 38선 남쪽에 미군이 들어와 군정이 시작됐습니다. 미국에서 돌아온 이승만은 군정의 도움을 받아 결국 1948년 8월 15일 38선 남쪽에서 대한민국 정부를 수립할 때 초대 대통령이 되었지요.

이승만은 헌법을 고쳐 가며 집권을 연장하는 독재자의 길로 치달았습니다. 1956년 3대 대통령 선거에서 이승만은 자신이 당선되었음에도 진보당 후보 조봉암이 30퍼센트를 득표하자 위협을 느꼈습니다. 다음에 치를 대선이 걱정되었거든요. 이승만은 조봉암에게 간첩 올가미를 씌웠습니다. 이승만의 통제를 받고 있던 사법부는 1959년 2월 7일 조봉암에게 사형을 선고하고 그해 7월 31일 집행합니다. 민주주의가 성장하면서 2011년 1월 20일 대법원은 조봉암의 재심 사건 선고 공판에서 대법관 13명 전원일치 의견으로 무죄를 선고했습니다.

조봉암은 사형 선고를 받은 법정에서 최후 진술을 통해 "이승만은 소수가 잘 살기 위한 정치를 하였고 나와 나의 동지들은 국민 대다수를 고루 잘 살리기 위한 민주주의 투쟁을 했다"며 "나에게 죄가 있다면 많은 사람이 고루 잘 살 수 있는 정치 운동을 한 것밖에는 없다"고 당당히 밝혔어요. 법정에 있던 진보당 사람들에겐 민주주의가 언젠가 이뤄지기를 바란다고 담담하게 진술했습니다.

"우리의 정치적 이상은 책임 정치, 수탈 없는 경제 민주화, 그리고 평화 통일이었다. 우리는 벽에 막혀 하지 못했지만 먼 훗날

1958년 진보당 사건 재판을 받고 있는
조봉암(오른쪽에서 첫 번째).

우리가 알지 못하는 후배들이 해 나갈 것이다. 그러면 결국 어느 땐가 평화 통일의 날이 올 것이고 국민이 고루 잘 사는 날이 올 것이다. 씨를 뿌린 자가 거둔다고 생각하면 안 된다. 나는 씨만 뿌리고 간다.”

조봉암이 형장의 이슬로 사라지고 일곱 달 뒤인 1960년 3월 15일에 치러진 제4대 대통령 선거에서 자유당은 온갖 부정을 저질렀어요. 3명 또는 9명을 한 조로 한 집단 투표가 많았으며 대리 투표도 벌어졌습니다. 심지어 투·개표장에서 민주당 참관인은 쫓겨났고, 더러는 투표함조차 바꿔치기 당했습니다.

자유당의 노골적인 부정 선거에 더는 참을 수 없었던 민중들이 일어났습니다. 경상남도 마산**현재는 진해와 함께 창원시로 통합**에서 부정 선거 규탄 시위가 일어나자 경찰은 잔혹하게 진압했습니다. 그 과정에서 실종되었던 고등학교 1학년생 김주열이 최루탄에 맞은 시신으로 바다에 떠오르자 시위가 전국으로 퍼져 나갔습니다. 중·고생들과 대학생들이 교문을 박차고 거리로 나섰고 그에 공감한 민중이 동참했지요. 여중 2학년생이던 진영숙이 교문을 나서기 전에 남긴 편지가 지금도 많은 사람들의 심금을 울립니다.

시간이 없는 관계로 어머님 뵙지 못하고 떠납니다. 어머니, 데모에 나간 저를 책하지 마세요. 우리들이 아니면 누가 데모를 하겠습니까. 저는 아직 철없는 줄 압니다. 그러나 조국과 민족을 위하는 길이 어떻다는 것을 알고 있습니다. 저도 생명을 바치더라도 싸우려고 합니다.

결국 4·19혁명으로 분출한 민주주의 열망에 이승만 독재는 무너집니다. 1960년 4월 26일 이승만은 대통령 자리에서 물러나고 자유당도 사라졌습니다. 혁명을 이룬 주체는 바로 10대와 20대 학생들이었지요.

이승만을 쫓아낸 혁명으로 유권자들은 새로운 시대가 열리리라 기대했습니다. 4·19혁명 직후 민주당은 의원내각제로 개헌을 주장했고, 헌법 개정안이 6월 15일 압도적 다수로 가결되어 7월 29일 총선이 치러집니다. 누구나 예상했듯이 민주당 압

1961년 5·16 쿠데타 당시 박정희 소장(가운데).

승이었어요. 전체 의석의 4분의 3을 넘었습니다.

하지만 1961년 5월 16일 박정희 소장을 비롯한 군부 세력이 총칼을 앞세워 군사 쿠데타를 일으킵니다. 민주주의는 다시 긴 겨울을 맞게 됩니다. 박정희가 대통령 3선을 위해 헌법을 바꾸 자 1969년부터 민주화운동이 본격적으로 펼쳐집니다. 독재자 는 3선에 성공한 뒤 아예 대통령 직접 선출권을 빼앗고 죽을 때 까지 권력을 누릴 수 있도록 헌법을 또 바꿉니다. 이른바 '유신 헌법'이지요.

독재자 박정희가 18년 동안이나 집권하며 야당을 탄압하던 1979년에 부산과 마산에서 민주주의를 요구하는 항쟁이 일어납니다. 부산과 마산 첫 글자를 따 '부마항쟁'이라 부르지요. 10월 16일 부산대 학생들이 "유신 철폐, 독재 타도"를 외치며 교문을 나와 부산 도심까지 진출하자 민중들이 박수를 치며 동참했습니다. 동아대 학생들도 가세했지요. 박정희는 특수전 부대인 공수여단을 투입해 잔인하게 진압했어요. 하지만 다음 날인 10월 18일에 4·19혁명의 도화선이었던 마산에서 민주주의를 요구하는 대규모 시위가 일어났습니다. 박정희는 장갑차와 병력 250명을 시위 진압에 투입했습니다. 그럼에도 시위가 이어지자 19일 저녁에 1,500여 명의 무장 군인이 마산 시내에 들어왔어요. 10월 16일부터 19일까지 4일 동안 부마항쟁으로 모두 1,563명을 체포했는데 대부분 학생과 노동인들이었지요.

부마항쟁을 진압하는 과정에서 독재 체제의 최고 지도부에 내분이 일어납니다. 1979년 10월 26일 밤에 온건파인 김재규 중앙정보부장이 권총을 꺼내 강경파 차지철 경호실장과 박정희를 향해 방아쇠를 당겼습니다. 18년 독재가 막을 내린 거죠.

1980년 5월 항쟁에서
1987년 6월 항쟁으로

10·26 정변으로 절대 권력자 박정희는 사라졌으나 독재 체제를 뒷받침하던 정치 군인 집단은 비상계엄 아래서 그대로 활동하고 있었습니다. 특히 박정희의 총애를 받으며 군 정보기관인 국군보안사령관을 맡고 있던 육군 소장 전두환은 이참에 권력을 잡기 위해 12·12 군사 반란을 일으킵니다. 계엄사령관이던 육군참모총장을 전격 체포하고 군을 장악해 권력의 실세로 떠오른 전두환은 1980년 5월 17일 밤에 비상계엄을 전국으로 확대했어요. 국회를 해산하고 국가보위비상대책회의를 설치하는 쿠데타였지요. 포고령을 내려 모든 정치 활동을 중지시키고 옥내외 집회·시위 금지, 대학 휴교, 언론 사전 검열 같은 조치들을

취하는 한편, 김대중을 비롯한 정치인 26명을 연행했습니다.

　다음 날인 5월 18일 새벽에 서울, 부산, 대구, 광주를 비롯한 대도시에 투입된 공수부대는 광주 전남대 앞에서 항의하는 학생들을 유독 잔인하게 진압했습니다. 그들의 만행에 광주의 민중들이 분노해 거리로 나서면서 마침내 5월 항쟁이 시작됩니다. 계엄군이 5월 21일 시위대에 총을 쏘며 참혹한 학살극을 벌이자 민중들은 스스로를 지켜야 했습니다. 경찰서와 광업소로 들어가 무기를 구해 반격에 나섰지요. '시민군'을 조직한 민중들은 22일에 총공세를 벌여 시내를 점령했던 공수부대를 몰아냈습니다. 평범한 민중들이 정규군의 최정예 부대를 몰아낸 역사적 사건이지요. 그날부터 계엄군이 탱크를 앞세워 광주를 다시 점령하는 27일까지 민중들 스스로 행정과 치안을 맡았습니다. 민주주의의 핵심인 '민중 스스로의 통치'를 구현한 거죠. 경찰이 없었음에도, 더구나 시내에서 쫓겨난 계엄군이 광주를 포위하고 있었기에 생필품이 부족한 상황이었음에도 어떤 범죄도 일어나지 않았습니다.

　계엄군에 포위되었던 광주의 민중들 사이에선 미국 항공모함이 한국 해안에 들어왔다는 국제 뉴스에 기대를 건 사람들도 적지 않았습니다. 미국이 전두환을 압박해 광주를 구원해 주리라 믿었던 거죠. 그때만 해도 미국을 전 세계의 민주주의를 지키는 나라로 생각한 국민이 많았거든요. 미군정의 도움으로 대통령이 된 이승만 정부부터 거의 모든 언론과 학교에서 미국을 미화한 결과이지요. 하지만 미국은 광주 민중들을 학살한 전두환에게 압력을 행사하지 않았어요. 계엄군의 광주 진압 작전이 북한으로부터 위협받지 않도록 항공모함을 보낸 거였지요. 5월 민중 항쟁 이후 한국에서 미국에 대한 인식이 크게 바뀐 이유이지요.

1980년 5월 27일 계엄군이 다시 광주에 투입되고 멀리서 탱크가 돌진해 오는 소리를 들으면서도 민중들은 두려움에 흩어지지 않고 전남도청을 끝까지 지키며 하나둘 숨져 갔습니다. 항쟁이 광주와 그 가까운 지역에서만 일어난 까닭은 전두환의 계엄군이 신문사와 방송사에 들어가 언론을 철저히 통제해서입니다. 계엄군은 광주를 포위하고 모든 전화선을 끊었지요. 스마트폰은 물론 인터넷도 없던 시대였습니다. 서울을 비롯한 다른 지역에선 계엄군의 일방적 주장만 신문과 방송에 나왔기에 광주에서 공수부대가 학살극을 벌인 사실을 대다수 국민이 몰랐어요. 그 뒤 진실이 조금씩 밝혀지면서 전두환과 군부에 대한 분노가 서서히 일어났습니다. 언론에 대한 비판 의식도 커져 갔지요.

1980년대 중반에 이르러 대학생들을 중심으로 민주화 운동이 활활 타올랐습니다. 대통령 직접선거제도를 되찾으려는 운동이 점점 국민적 호응을 받았지요. 경찰이 민주화 운동에 나선 여대생을 성 고문한 데 이어 1987년 1월에 대학생 박종철을 고문으로 죽인 만행이 드러나면서 대통령 직선제 요구는 더욱 커졌습니다.

그럼에도 전두환은 1987년 4월 13일 대통령 직선제 개헌 요구를 정면으로 거부했어요. 그러자 민주화 시위가 도시마다 거세게 일어났지요. 6월 10일 전국 곳곳에서 동시에 '민주화를 위한 범국민대회'가 열렸습니다. 그 과정에서 대학생 이한열이 경찰이 쏜 최루탄에 맞아 숨지는 일이 벌어졌습니다. 시위는 더욱 거세졌지요.

경찰력으로 막을 수 없게 되자 전두환 측근들은 군을 투입할 계획을 세웠어요. 하지만 5월 항쟁에서 끝까지 싸운 민중들이 떠오르자 두려움을 느끼며 포기했습니다. 이윽고 전두환과 함께 12·12 군사 반란을 일으켰던 노태우가 6월 29일 대통령 직선제로 개헌을 하겠다고 발표합니다. 6월 항쟁이 일궈낸 성취입니다.

전두환·노태우가 대통령 직선제를 받아들이면서 정치적 민주화 운동은 수그러들었지만 7월부터 경제적 민주화 운동이 일어납니다. 바로 1987년 노동인 대투쟁입니다. 박정희에서 전두

6월 민주 항쟁 당시 숨진 이한열 군 운구 행렬에 참여하기 위해
서울시청 앞 광장에 모인 시민들(1987년 7월 9일).

환으로 이어지는 경제 성장 과정에서 억압받고 있던 노동인들
이 자신들의 권리를 찾기 위해 힘을 모았지요. 그때까지 대한
민국에선 헌법에 보장된 노동조합조차 결성하기 어려웠거든
요. 7월부터 9월까지 전국의 공장과 기업에서 노동인들이 노동
조합 결성을 잇따라 이루어 냅니다. 석 달 사이에 노동조합이
1,300여개 창립되었어요.

　노동조합 결성이 삶의 질을 얼마나 높여 주었는가를 볼 수
있는 단적인 사례가 현대중공업의 정문 풍경입니다. 당시 정문

에서 건장한 체구의 경비들이 출근하는 노동인들을 상대로 '두발과 복장 점검'을 했어요. 경비들은 머리털이 '불량'하면 곧바로 그 자리에서 '바리캉^{이발 기구}'으로 깎았지요. 성인들을 대상으로 한 인권 유린을 오랜 세월에 걸쳐 대기업이 저질렀던 거죠. 노동조합이 결성되자마자 이런 모습들은 거짓말처럼 사라졌습니다.

6월 항쟁으로 대통령 직선제를 되찾으며 민주공화국 대한민국은 제6공화국을 맞았습니다. 헌법과 권력 구조에 따라 공화국을 나누는데요. 제1공화국^{1948~1960}은 이승만 정부, 제2공화국^{1960~1961}은 4월 혁명으로 의원내각제였던 짧은 시기, 쿠데타로 집권해 대통령제로 헌법을 바꾼 박정희 정부가 제3공화국 ^{1963~1972}, 박정희가 직선제를 없애고 대통령 임기 제한을 없앤 유신 헌법의 제4공화국^{1972~1981}으로 나눕니다. 전두환 정부가 제5공화국^{1981~1987}이 됩니다. 1987년 헌법 개정 이후 노태우, 김영삼, 김대중, 노무현, 이명박, 박근혜, 문재인, 윤석열, 이재명 정부가 들어섰지만 헌법과 권력 구조는 같았기에 모두 제6공화국에 포함됩니다.

두 차례 촛불혁명과
K-민주주의 뿌리

디딤돌

K-민주주의의 눈부신 전개는 두 차례의 촛불혁명으로 현직 대통령 두 명을 파면하는 역사적 사건으로 이어집니다. 민주주의 선진국이라는 미국과 유럽에선 최근 극우 정당들의 확산으로 민주주의가 후퇴하고 있어 한결 돋보입니다.

2016년 10월 29일부터 타오른 촛불은 아무런 공직도 권한도 없는 최순실이 대통령의 국정에 개입한 사실이 드러나면서 타올랐습니다. 10월 서울 청계광장에 3만여 명이 모여 첫 촛불집회를 열었지요. 집회 규모가 점점 커져 11월 12일에는 100만 명을 넘었습니다. 첫 집회부터 국회 탄핵을 거쳐 2017년 3월 10일 파면까지 촛불 집회의 누적 인원이 1500만 명을 넘었죠. 파면된 박근혜는 2021년 1월 14일 대법원에서 징역 20년, 벌금 180억 원, 추징금 35억 원 선고가 확정됐습니다. 2021년 12월에 문재인 대통령의 사면으로 풀려났어요.

2024년 12월 3일에는 윤석열 대통령이 '반국가 세력'을 처단하겠다며 비상계엄을 선포했는데요. 그 순간부터 2025년 4월 4일 헌법재판소가 재판관 8인 전원일치로 파면할 때까지 넉 달 내내 하루도 빠짐없이 촛불 집회가 열렸지요. 촛불과 함께 K-POP 응원봉을 흔들며 윤석열 탄핵과 사퇴, 파면을 요구하는 시위가 일어났습니다. 미국과 유럽을 비롯한 세계 언론이 'K-민주주의'를 높이 평가하는 보도를 잇달아 내보냈지요.

K-민주주의는 한국인의 고유한 문화에 깊숙이 뿌리 내려 있는데요. 서양 문화의 기반인 그리스 신화와 달리 한국의 단군신화는 이상 국가**신시**를 구현하려는 뜻**홍익인간**과 꿈을 이루려는 성찰**동굴의 곰**을 중시합니다. 하늘**환웅**과 땅**곰**과 인간**단군**이 뜻을 모아 아름다운 세상을 만들어 가는 이야기로서 수천 년에 걸쳐 민중의 사랑을 받으며 전해졌습니다**더 깊은 이야기는 『한국인의 눈부신 철학』 참고**. 단군신화가 담은 신시의 꿈은 19세기 말 동학혁명으로 나타났고 우리가 살펴보았듯이 3·1혁명의 민국 선언으로 이어졌습니다.

9 민주주의가
왜 '자기 성숙'의
조건일까

Democracy

대한민국은 정말
민주주의 선진국일까

　"10대 학생들 가운데 한 명은 대한민국이 장차 '모범적인 민주국가'가 될 것이라고 열정적으로 말했다."

　1960년 3월에 영국의 대표적 언론인 〈더 타임스〉 특파원이 쓴 기사의 한 구절입니다. 그 기사를 쓴 기자는 대구의 10대 학생들이 거리로 나와 민주주의를 요구하는 시위를 현장에서 취재해 '한국의 청년 세대가 일어서고 있다'고 보도했습니다. 그로부터 한 달 뒤 독재자 이승만은 대통령 자리에서 쫓겨났지만, 이듬해 군부 쿠데타가 일어났지요. 쿠데타를 주도한 장군^{박정희}이 두 차례 대통령을 연임한 뒤 '3선 개헌'에 이어 종신 집권이 가능한 유신 체제를 선포하면서 한국의 민주주의는 암담했습니다. 광주를 피로 물들인 전두환이 집권하자 더욱 그랬지요.

그런데 세월이 흘러 2021년 7월 유엔무역개발회의^{UNCTAD}는 설립 57년 만에 처음으로 개발도상국이던 나라를 선진국으로 공식 인정했는데요. 바로 대한민국입니다. 반가운 일임에 틀림 없지요. 이듬해인 2022년 5월에는 미국의 '민주주의와 문화재 단' 대표 살타스^{A. Tsaltas}가 "한국이 역경을 딛고 걸어온 길은 민주주의 국가의 모범"이라며 유럽과 미국은 "한국에 경외심을 갖고 있다"고 말했어요. 그에 앞서 독일의 유력 언론 〈디 차이트^{Die Zeit}〉가 2016년 12월에 한국은 "성숙한 민주주의"를 이뤘 다고 보도했으며, 또 다른 신문도 "오히려 민주주의 역사가 긴 유럽과 미국이 한국의 민주주의를 배워야 할 것"이라고 극찬 했습니다. 한국의 민주주의가 일약 '민주주의 모범국', '성숙한 민주주의'로 지구촌의 찬사를 받은 거죠.

그렇다면 1960년 봄, 민주주의를 유린한 조직적 부정 선거 앞 에서 "대한민국이 장차 '모범적인 민주국가'가 될 것이라고 열 정적으로 말"한 10대의 꿈이 과연 이뤄진 걸까요. 미국과 유럽 이 한국을 '성숙한 민주주의'와 '민주주의 모범'으로 극찬한 이 유는 2016년 늦가을부터 타오른 촛불 시위와 대통령 탄핵에 감 동해서입니다. 독일 언론은 한국 민주주의가 "용기와 열정으로 민주주의를 지켜 내는 방법을 세상에 알려 주었다"고 보도했습

박근혜 퇴진을 요구하는 시민들(2016년 10월 29일).

니다. 이어 "유럽과 미국인들은 오직 서울의 용감한 그리고 열 정적인 민주주의자들을 배워야 할 것"이라고 덧붙였습니다. 또 다른 언론은 한국의 시위 문화를 "촛불과 노래, 공연이 하나로 어우러진 빛의 축제"라고 기사화했습니다.

촛불혁명으로 한국의 민주주의는 일약 '민주주의 모범국', '민주주의 선진국'으로 지구촌의 찬사를 받았습니다. 실제로 촛불혁명은 우리가 자부할 만한 역사적 사건임이 틀림없는 거 죠. 더구나 윤석열의 위헌적인 비상계엄으로 민주주의가 훼손

될 위험에 처하자 다시 촛불혁명이 일어났잖습니까.

그렇다면 정말 한국은 '민주주의 선진국'이 된 걸까요. 곰곰 생각해 볼 또 다른 지표가 있어요. 유엔무역개발회의가 한국을 선진국으로 공식 인정한 시점에 유엔 지속가능발전해법네트워크^{SDSN}가 공개한 '2026 세계 행복 보고서'에 따르면, 한국의 '행복 지수'는 조사 대상 147개국 가운데 67위에 지나지 않아요. 순위를 결정한 기준은 6개인데요. 국내총생산^{GDP}과 함께 기대 수명, 사회적 지지, 자신의 삶을 선택할 자유, 부정부패, 관용이 들어 있어요. 여기서 '사회적 지지social support' 항목이 조금 낯설죠? 개개인이 '위기나 곤경에 처했을 때 도와줄 수 있는 가족, 친척, 친구가 있는지'를 측정합니다. 한국은 순위가 비슷한 국가들에 비해 1인당 GDP와 건강 기대 수명은 높지만 사회적 지지와 삶을 선택할 자유, 관용에서 점수가 매우 낮았어요. '사회적 지지'라는 말이 낯선 것도 여기서 찾을 수 있겠지요. 행복 지수가 가장 높은 나라 1위는 핀란드이고, 그다음은 아이슬란드, 덴마크, 코스타리카, 스웨덴, 노르웨이, 네덜란드 순입니다. 북유럽 복지국가들이 모두 들어 있지요. 미국은 23위이고 이웃 나라인 일본은 61위, 중국 65위로 모두 한국을 앞섰습니다.

세계 행복 보고서가 보여 주는 성적과 함께 한국은 경제협력개발기구OECD 안에서 합계 출산율이 '1'에 못 미치는 유일한 나라입니다. 합계 출산율은 여성 한 명이 평생 낳을 것으로 예상되는 평균 출생아 수입니다. 수도인 서울에 극심한 쏠림 현상도 유일하죠. 젊은이들이 자기 고향에서 일자리를 찾기가 어렵거든요. OECD 국가 중 가장 낮은 출산율, 가장 높은 자살율과 노인 빈곤율을 기록하고 있어서 외국 학계에서도 연구 대상으로 삼을 정도입니다. 그럼에도 대한민국을 '민주주의 선진국'으로 자부해도 좋을까요.

촛불혁명이 2016년, 2024년 두 차례에 걸쳐 일어난 것도 반드시 높게 평가할 일만은 아닙니다. 2016년에 촛불혁명이 일어났음에도 한국의 민주주의가 외국 언론의 기대만큼 안정적이지 못하다는 뜻이니까요. 실제로 첫 촛불혁명과 다음 촛불혁명 사이에 부익부 빈익빈 현상이나 낮은 출산율, 높은 자살률과 산업 재해율, 긴 노동 시간은 조금도 달라지지 않았습니다.

민주주의 위기와
인류 멸종 위기

미국이나 유럽에서 한국의 민주주의가 모범국으로 뽑히게 된 배경에는 세계적으로 민주주의가 뒷걸음질 치는 현상이 있습니다. 스웨덴에 본부를 둔 국제 민주주의와 선거 지원 연구소 International IDEA가 발표한 '2025 세계 민주주의 현황' 보고서에 따르면 173개국 가운데 94개국의 민주주의 상황이 악화됐습니다. 민주주의의 세계적 위기인 거죠.

세계적인 민주주의 위기는 언론 영역에서 또렷하게 나타났습니다. 2024년 언론의 자유는 1975년 통계 집계 이래 50년 만에 최저치를 기록했어요. 보고서는 173개국 가운데 43개국에서 언론의 자유 지표가 후퇴했습니다. 한국의 언론 자유 지표도 윤석열 정부 시기에 크게 떨어졌습니다. 보고서는 또 부익부 빈익빈으로 경제적 평등 지표가 떨어졌다고 분석했어요.

딱히 스웨덴의 국제기구만 민주주의의 위기를 진단한 것은 아닙니다. 지구촌 전체에 걸쳐 부익부 빈익빈이 커지며 양극화가 뚜렷하게 나타나거든요. 곳곳에서 갈등과 혐오가 극심해지고 있어요.

민주주의 후퇴와 위기를 불러 온 부익부 빈익빈은 모든 것을 시장에 맡기는 흐름과 이어져 있습니다. 대다수 기업들이 더 많은 이익을 얻으려고 경쟁할 때 인간의 존엄성을 잊기 쉽습니다. 인권이나 평등의 가치도 무시될 수 있고요.

모든 것을 시장에만 맡겨 둔 결과는 민주주의 후퇴 못지않게 기후 위기를 불러왔습니다. 기후 위기는 온실가스가 끊임없이 늘어나 평균 기온이 높아짐으로써 나타난 현상이지요. 온실가스는 대기에 오래오래 머무는 물질로 지구의 평균 기온을 14도로 유지게 하는데요. 이산화탄소, 메탄, 아산화질소의 인위적 온실가스 배출이 온난화의 주된 원인이 되고 있어요. 특히 이산화탄소의 배출량이 결정적입니다. 전체 온실가스 배출량의 많은 부분을 차지하거든요.

그럼 이산화탄소는 왜 계속 많아지는 걸까요. 산업혁명 이후 경제가 성장하면서 화석 연료 사용이 빠르게 늘어난 결과입니다. 끊임없이 늘어난 거죠. 이산화탄소가 대기에 계속 늘어나면 '온실 효과'가 일어납니다. 지구 대기에 이산화탄소, 메탄, 프레온가스 들이 크게 늘어나 지구로 들어오는 태양열이 빠져나가지 못하거든요.

기후 변화에 더해 무분별한 경제 성장은 무서운 질병을 불러옵니다. 코로나19 바이러스가 2019년 12월에 돌연 나타나더니 2020년 초부터 지구촌에 빠르게 퍼져 가며 2000만 명에 이르는 사람이 죽음을 맞았습니다. 사실 코로나19 바이러스만이 아니지요. 이미 2002년 사스SARS, 2009년 신종 플루, 2012년 메르스MERS 모두 야생 동물에 있던 바이러스가 사람에게 옮겨져 생긴 병입니다. 기후 변화와 개발로 그 동물들이 살던 곳이 사라지자 동물들의 수도 줄어들었거든요. 그곳으로 인간이 들어간 겁니다. 바이러스들이 인간이나 가축을 새로운 숙주로 삼기 시작했지요.

새로운 질병에 더해 폭염과 산불, 가뭄과 홍수와 같은 자연재해로 생명을 잃은 사람도 크게 늘어나고 있어요. 소방 시설이 가장 잘된 미국에서도 산불이 몇 달이나 이어지고 마을을 삼키는 홍수가 일어나 큰 피해를 주었습니다. 미세 먼지와 초미세 먼지도 우리 건강을 위협하고 있습니다.

민주주의 후퇴와 기후 변화로 인한 새로운 질병과 자연재해

2019~2020년 오스트레일리아 산불은 2400만 헥타르를 태우고
30여 명의 목숨과 10억 마리가 넘는 동물의 생명을 앗아갔다.

의 급증에는 눈여겨볼 공통점이 있습니다. 사회적 약자들, 가난
한 사람들이 피해를 더 크게 받는다는 사실이지요. 한국은 물론
지구촌 곳곳에서 일어나는 자연재해가 신문이나 방송에 보도
될 때 누가 피해를 보는지 살펴보기 바랍니다. 자연재해가 사람
을 차별해서 일어나지는 않지만 그 재해로부터 피해를 당하기
쉬운 곳에 살고 있는 사람들, 대처할 경제력이 없는 사람들이 있
거든요. 새로운 질병이나 자연재해가 사회 경제적 불평등과 악

순환을 이루게 되는 거죠. 그때 민주주의는 더 후퇴할 가능성이 높아집니다.

문제는 지구촌의 모든 나라가 경제 성장에 몰입하면서 이산화탄소가 줄어들 가능성이 높지 않다는 데 있습니다. 유엔환경계획UNEP은 2025년 11월에 발표한 보고서에서 세계 각국이 현재 추세대로 온실가스를 배출할 경우 이번 세기말 전 지구 지표면 평균 온도 상승 폭이 2.8도에 달할 것으로 내다봤습니다. 만약 그 전망이 현실화된다면 인류는 큰 위기를 맞게 됩니다. 2015년 파리 협약에서 지구촌의 거의 모든 나라들이 지구의 평균 온도 상승을 1.5도로 제한하자고 합의한 것은 생명의 대멸종을 막기 위해서였거든요. 그런데 이미 2024년에 1.55도 높아졌습니다.

국제기구인 '기후 변화에 관한 정부 간 협의체IPCC'가 경고했듯이 지구의 평균 온도가 2도 올라가면 생물 다양성의 절반가량이 사라지고 인류 또한 멸종할 가능성이 높아집니다. 기후 변화로 꿀벌이 사라지면 농작물의 80퍼센트가 사라져 '식량 대란'이 벌어지거든요. 바다가 산성화되면서 물고기들도 빠르게 줄어들죠. 결국 지구 곳곳에서 생존을 위한 전쟁이 일어나는 참혹한 '지옥'을 상상할 수 있습니다.

그래서 '인류세Anthropocene, 人類世' 진단까지 나오고 있어요. 지질 시대 구분법에 따르면 우리가 살고 있는 시대는 신생대新生代,

Cenozoic era 제4기에 속하는 홀로세Holocene인데요. 지구에 마지막 빙하기가 끝난 1만 년 전부터입니다. 인류가 본격적으로 등장해 지금까지 역사적 발전을 일궈 온 시대이지요. 그 시대를 홀로세가 아니라 인류세로 이름 붙여야 한다는 주장인데요. 지구의 전체 역사에 비하면 아주 짧습니다. 참고로 공룡이 살던 중생대는 1억 8000만 년이나 이어졌거든요. 그런데 인류는 겨우 1만 년을 살다가 지질층에 플라스틱과 '치킨 뼈'들을 남기고 멸종할 가능성이 높다는 겁니다. 그런 상황을 막으려면 동급생인 자본주의와 민주주의 가운데 더 많은 이익만 중시하는 전자보다 인간의 존엄성을 중시하는 후자를 더 강화해 나가야겠지요.

개개인의 자아실현과
민주주의 성숙

민주주의 후퇴와 기후 변화의 위기를 누가 해결할 수 있을까요. 지구촌의 거의 모든 나라가 민주주의를 헌법에 내세우고 있는 만큼 주권자들이 나서야 합니다. 대한민국 헌법도 선언하고 있듯이 정치 권력이든 경제 권력이든 모든 권력이 주권자로부터 나오는 나라를 만들어야 하기 때문입니다.

그러려면 주권자 개개인이 성숙해야 합니다. 한 살, 두 살 나이가 더 든다고 저절로 성숙해지지는 않거든요. 물론 몸은 나이에 따라 성숙합니다. 하지만 생각은 달라요. 몸의 근육이 운동을 할수록 발달하듯이 생각의 근육도 '운동'이 필요합니다. 모든 사람이 생각을 하지만, 그 생각의 넓이와 높이 그리고 깊이는 서로 다릅니다. 생각이 넓거나 높을수록 또는 깊을수록 성숙한 사람이 되겠지요.

계몽의 철학자 칸트^{Immanuel Kant, 1724~1804}가 말했듯이 성숙은 개개인 스스로의 책임이 큽니다. 흔히 누군가를 '미성숙하다'고 말하는데요. 칸트는 미성숙을 "다른 사람의 도움 없이 스스로 자신의 이성을 사용할 수 없는 상태"라고 정의했어요. 스스로 생각해서 판단하지 못하는 상태가 성숙하지 못한 모습이라는 거죠.

바로 그래서입니다. 일찍이 소크라테스는 자신의 삶을 스스로 주인이 되어 살라는 깨우침을 주고 싶어 "너 자신을 알라"고 일러 주었지요. 문답식으로 대화를 하면서 자신이 답을 주기보다는 상대가 스스로 생각해 답을 찾게 했습니다. 그래서 학자들이 소크라테스의 가르침을 '스스로 생각하고 또 생각하라'로 간추리는 까닭입니다.

소크라테스는 거리로 나가 사람들과 적극 대화에 나섰는데요. 그래서 거리의 철학자로 불리지요. 그는 오늘날 짚어 보아도 뜻깊은 이야기를 많이 남겼는데 잘 알려져 있지 않은 다음 대화를 새겨 봅시다.

어느 날 소크라테스에게 친구가 찾아와 다급하게 소리쳤습니다.

"여보게, 소크라테스! 세상에 이럴 수가 있나. 방금 내가 밖에서 무슨 말을 들었는지 아나? 아마 자네도 들으면 깜짝 놀랄 거야. 그게 말일세."

이때 소크라테스가 친구의 말을 막으며 말했습니다.

"잠깐 기다리게. 자네가 지금 전하려는 그 소식을 체로 세 번 걸렀는가?"

"체로 세 번 걸렀냐고? 대체 무슨 체를 말하는 건가?"

"첫 번째 체는 '진실'이네. 자네가 지금 전하려는 내용이 사실이라고 확신할 수 있는가?"

"아니, 뭐. 난 그냥 거리에서 주워들었네."

"그럼, 두 번째 체로 걸러야겠군. 자네가 전하려는 내용이 사실이 아니더라도, 최소한 '선의'에서 나온 말인가?"

친구는 우물쭈물하며 아니라고 답했습니다.

"그렇다면, 세 번째 체로 걸러야겠네. 자네를 그토록 흥분하게 만든 그 이야기가 정말 '중요한 내용'인가?"

친구가 "글쎄"라며 머뭇거리자 소크라테스는 단호히 말합니다.

"사실도 아니고, 선의에서 비롯된 마음에서도 아니고, 더구나 중요한 내용도 아니라면 나에게 말할 필요가 없네. 그런 말은 우리의 마음만 어지럽힐 뿐이네."

2500여 년 전에 소크라테스가 남긴 대화이지만 유튜브를 비롯한 인터넷 시대를 살아가는 우리에게 스스로 성찰할 기회를 줍니다. 그런데 스스로 생각하고 성찰하기는 쉽지 않습니다. 누군가 우리에게 '너 자신을 알라'라고 말하면 불쾌하게 여길 수 있지요. 상대가 아무리 소크라테스라 해도 그런 말을 고깝게 여기는 사람들은 있게 마련이지요. 실제로 소크라테스는 '신을 믿지 않고 청년을 타락시켰다'는 죄목으로 고발당했고, 기어이 사형을 당하지 않았습니까. 소크라테스가 가장 아낀 제자인 플라톤은 그래서 아테네의 민주주의에 반감을 가졌어요. 민주주의 나라보다 철학자가 통치하는 국가를 세워야 한다고 주장했지요.

　　하지만 플라톤의 주장은 아기를 목욕시키다가 목욕물이 더럽다고 쏟아내며 아기까지 버리는 꼴입니다. 세계사에서 자신을 '위대한 사상가'로 주장하며 민중 위에 군림한 독재자들이 적지 않거든요. 민주주의를 파괴한 히틀러조차 자신이 나치즘이라는 새로운 정치사상을 창안했다고 큰소리쳤으니까요.

　　그렇다면 문제는 다시 주권자의 성숙입니다. 스스로 생각할 수 있는 주권자, 한 번뿐인 자기 인생의 목표를 스스로 세울 수 있는 주권자, 자신이 살고 있는 나라의 모든 권력이 국민의 대다수인 민중으로부터 나오는지 감시할 수 있는 주권자가 새로운 미래를 열어 갈 수 있습니다. 개개인이 인생의 꿈을 이루는 자아실현은 자신이 지금 살고 있는 나라와 무관하지 않거든요. 파라오 시대나 진시황 시대에 살고 있다고 생각해 보세요. 양반 계급과 평민, 천민들로 신분이 나눠진 조선 왕조 시대에 우리 선조들이 살았을 텐데요. 그 시대에 삶이 자유로웠던 사람은 왕뿐이 아니었을까요. 어쩌면 왕도 자기 자리를 노리는 사람이 많아 내내 불안했겠지요.

그래서 인간의 기본권인 사회권에 관한 국제 규약도 전문에서 자유로운 인간의 이상은 "모든 사람이 자신의 시민적, 정치적 권리뿐만 아니라 경제적, 사회적, 문화적 권리를 향유할 수 있는 여건이 조성되는 경우에만 성취될 수 있다"고 강조합니다. 민주주의가 개개인의 '자기 성숙'에 꼭 필요한 거죠.

그러니까 모든 개개인이 자신의 개성을 꽃피울 수 있는 정치적·경제적 조건을 마련할 때 민주주의는 더 성숙합니다. 주권자로서 개개인은 헌법이 나라 안팎에 선언한 '민주공화국'을 구현하기 위해 모든 권력을 민주화해 나가야 할 권리와 의무가 있으니까요. 개인의 성숙과 민주주의 성숙은 떼려야 뗄 수 없는 관계입니다.

민주주의 미래에 먹구름 '팝콘 브레인'

디딤돌

　주권자가 성숙할수록 그 나라 민주주의도 성숙합니다. 국민 대다수가 민주주의를 이해하는 수준이 실제로 그 나라 민주주의 수준을 결정합니다. 21세기 들어서서 모든 사람이 자유롭게 생각을 펼 수 있는 미디어 혁명 시대를 맞았기에 민주주의의 미래는 밝다고 할 수 있습니다.

　다만 그러려면 넘어야 할 벽이 있는데요. 주권자의 성숙을 가로막는 '팝콘 브레인popcorn brain'이 그것입니다. 팝콘 브레인은 2010년대 미국의 학자가 처음 말한 뒤 빠르게 퍼져 지구촌의 공용어가 되었는데요. 국어사전에도 실렸습니다. "강한 자극이 넘쳐나는 첨단 디지털 기기의 화면 속 현상에만 반응할 뿐 다른 사람의 감정이나 느리게 변화하는 진짜 현실에는 무감각해진 뇌"라고 풀이합니다. 점점 더 자극적 영상에만 뇌가 반응하면서 정작 현실에는 무감각해진다는 거죠. 스마트폰만 끼고 살아 함께 살아가는 사람들의 감정에는 무덤덤해집니다.

이런 말이 나와도 전혀 달라지지 않아서일까요. 영국 옥스퍼드 대학교는 2024년 올해의 단어로 '브레인 로트^{Brain rot}'를 선정했습니다. '뇌의 부패' 혹은 '뇌가 썩은 상태'를 뜻하지요. 짧은 영상들로 즉각적인 만족을 얻고 끊임없이 다른 정보를 소비하느라 결국 깊이 있는 생각을 못하고 집중력이 약화되는 현상을 꼬집는 말입니다.

2024년 정부기관 조사에서 10대가 스마트폰에 지나치게 의존하는 위험군 비율은 42.6퍼센트로 나타났어요. 팝콘 브레인이나 브레인 로트는 아니더라도 '노모포비아^{nomophobia}'는 분명해 보입니다. 스마트폰이 없을 때 느끼는 불안, 공포를 이르는 말입니다. 민주주의의 미래를 책임질 청소년들의 뇌가 팝콘처럼 되거나 썩을 가능성이 높다면 민주공화국의 내일은 어두울 수밖에 없습니다. 여기서도 새삼 확인할 수 있죠. 나를 지키고 민주주의를 지키려면 스스로 생각하고 성찰해야 합니다. 세계인권선언에서 강조했듯이 '모든 사람에게는 자신의 인격이 오로지 자유롭고도 완전하게 발달할 수 있는 사회를 이룩할 의무'가 있으니까요.

이미지 출처 및 페이지

경향신문 64
국정원 정치공작 대선개입 시국회의 110
루이스 하인 75
서울시 165
위키백과 14, 19, 25, 27, 33, 37, 40, 43, 51, 54,
    69, 77, 88, 92, 102, 113, 121, 128, 139, 152,
    157, 159, 172, 173, 179
헌법재판소 98, 134